KB141889

정의를
밀어붙이는
사람

TADASHISA O GORIOSHI SURU HITO

ⓒ Hiroaki Enomoto 2017
First published in Japan in 2017 by KADOKAWA CORPORATION, Tokyo.
Korean translation rights arranged with KADOKAWA CORPORATION, Tokyo
through Danny Hong Agency.
Korean translation copyright ⓒ 2018 by Sam & Parkers Co., Ltd.

한국어판 저작권은 대니홍 에이전시를 통한 저작권사와의 독점 계약으로
㈜쌤앤파커스에 있습니다. 저작권법에 의해 한국 내에서
보호를 받는 저작물이므로 무단전재와 복제를 금합니다.

정의를
밀어붙이는
사람

에노모토 히로아키 지음
정지영 옮김

정의로운
사람인가?

위험한
사람인가?

쌤앤
파커스

목차

4장
정의를 비웃는 정의감의 역설

5장
정의를 밀어붙이는 위험한 사람의 특징

6장
정의로운 사람이 위험한 사람으로 바뀌는 순간

정의로운
사람인가,

위험한
사람인가?

잘못을 찾아내서
인터넷으로 공격하는 사람들

인터넷 시대가 열리고 나서 잘못을 했거나 잘못했을 거라고 일방적으로 판단한 인물을 타깃으로 삼아 철저하게 비난을 퍼붓는 사람들의 모습이 눈에 띄게 많아졌다.

가령 이런 사건이다. 2017년, 일본 전통 공연 예술인 '가부키' 전문 배우 이치카와 에비조市川海老蔵의 아내이자 전 아나운서 고바야시 마오小林麻央가 암 투병 끝에 세상을 떠났다. 당시 그녀의 나이는 34세로, 많은 팬이 그녀의 죽음을 안타까워하며 커다란 슬픔에 잠겨 있었다. 그런데 그녀가 세상을 떠나고 5일 후, 이치카와 에비조가 어린 자녀들을 데리고 디즈니랜드에 간 것이 사람들에게 목격되었다. 인터넷에서는 비난의 목소리가 커졌고, 사람들은 그가 마치 엄청난 잘못을 저지른 것처럼 나무랐다.[1]

하지만 이것이 정말 그토록 비난받아야 할 일일까? 물론 그를 비난한 사람들이 말한 것처럼 "아내가 세상을 뜬 지 아직 일주일도 지나지 않았는데 너무 빨리 일상으로 복귀한 게 아닌가?" "아직 슬퍼해야 하는데 재기가 너무 빠르다."라는 것이 이유가 될지도 모른다. 하지만 여기서 중요한 건 우리는 그 가족의 사정을 제대로 알지 못한다는 것이다. 만약 그가 소중한 엄마를 잃은 어린아이들에게 기운을 북돋아주고 싶어 한 일이라면 어떤가? 또 그가 아이를 데리고 디즈니랜드에 갔다고 해서 아내를 잃은 충격과 슬픔을 다 떨쳐냈다고 확신할 수 있는가? 그가 되어보지 않고는 판단할 수 없는 일이다. 이런 데도 과연 그가 일방적으로 비난받아야 할까?

결국 이것은 직접 관계가 없는 타인이 함부로 추측하고, 결정을 내리고 비난하는 일이 되는 셈이다. 그 사람들에게는 정의감이라는 가면을 쓴 공격성이 감돌고 있을 뿐이다.

---

1 2017년 6월 28일, 트위터에 이치카와 에비조를 목격한 사람의 트윗이 올라왔다. "어제 디즈니랜드에서 에비조 씨, 마야 씨, 레이카 짱, 칸겐 군, 동행한 어떤 남성까지 5명을 보았어요. 칸겐 군은 유모차에 타고 있었고 동행한 남성이 밀고 있더군요. 에비조 씨와 마야 씨가 사이좋게 말하고 있었어요." 이 트윗을 본 사람들은 "상중에 디즈니랜드에 가다니⋯." "디즈니, 정말? 완전 깬다." 등 그의 행동에 대해 비판적인 목소리를 쏟아냈다.

서장

일본에서는 유명 연예인의 불륜 사건이 거의 매주 주간지에 실린다. 그런 기사가 사람들 입에 오르내리기 시작하면 온라인에서는 비난 여론이 고조된다. 그 결과, 잘못을 저지른 연예인은 드라마를 하차하거나 광고모델에서 교체되는 수순을 밟고 사회적 재판을 받는다.

2016년, 일본의 유명한 여자 연예인인 벡키Becky와 록밴드 게스노키아미오토메의 보컬이자 기혼자인 가와타니 에논川谷絵音의 불륜 보도가 났을 때도 세간이 발칵 뒤집혔고, 사람들은 그들을 향해 무서운 비난을 쏟아냈다. 두 사람이 주고받은 메신저 대화까지 유출되어 뻔뻔하다는 등 비난은 더욱 거세졌고, 벡키는 1년 이상 자숙한 뒤에야 복귀할 수 있었다. 물론 불륜은 당연히 비판받을 일이다. 하지만 자신과 직접적인 관련이 없는, 연예인의 사생활인데, 사람들은 어째서 그렇게까지 자기 일처럼 분노하는 것일까?

'불륜 상대의 아내에게 못 할 짓을 했다.' '기자회견을 할 때 정작 그의 아내에게 사죄하지 않았다.'는 비판을 피할 길은 없다. 하지만 엄밀히 말하면 사실 대중들은 그의 아내가 어떤 사람인지 모르는 데다가 그들의 부부관계가 어땠는지도 전혀 알지 못한다. 그들의 여러 사정을 알지 못하면서 피해자인 아내까지 끌어들여 벡키를 공격하는 사람들의 마음속에는 과연 정의로움만 있을까?

2020년 도쿄 올림픽을 앞두고 준비 중이던 올림픽 공식 엠블럼의 표절 의혹도 큰 논란이 되었다. 벨기에의 디자이너가 도쿄 올림픽의 엠블럼으로 채택되었던 디자이너 사노 겐지로 佐野研二郎의 디자인에 대해 "벨기에 리에주 극장의 로고와 비슷하다. 표절이다."라며 일본 올림픽위원회에 사용 금지를 요구한 것이 발단이 되었다. 그로 말미암아 표절 의혹이 급부상했고, 이를 부정하던 사노도 결국 작품을 철회했다. 결국 그 디자인은 공식 엠블럼의 자리에서 내려와야 했다.[2]

무서운 것은 그런 소동에 편승하려는 듯이 흥분하는 사람들이 있었다는 것이다. 사람들은 사노의 모든 작품을 검색했고,

---

2 벨기에의 그래픽 디자이너 올리비에 데비(Olivier Debie)가 사노 겐지로의 엠블럼 디자인을 보고 자신의 작품을 표절한 것이라고 주장했다. 사노 겐지로의 다른 작품들, 그가 만든 적도 없는 디자인까지 모두 다른 디자인을 모방한 것이라는 비난 여론이 쏟아졌고, 집, 사무실, 가족들까지 취재 대상이 되어 피해를 입자, 그는 가족과 직원을 지키고자 한다며 자신의 디자인 사무소에 공식 입장 전문을 올리고 엠블럼 당선도 취하했다._김도훈, '도쿄올림픽 엠블럼 표절 사태의 주인공 '사노 겐지로'가 입장을 발표하다.(전문)', 〈허핑턴포스트코리아〉, 2015년 9월 2일.

표절 의혹을 제기할 만한 유사 작품을 필사적으로 찾아냈다. 그리고 나서 "이 디자인은 이것과 비슷하네. 표절이다!"라는 식의 글을 잇달아 게시했다. 이 표절 의혹과 관련해 매일 트위터에는 수천 개의 트윗이 올라왔고, 가장 많은 날은 1만 개가 넘기도 했다. 그리고 실제로 사노가 한 토트백 디자인의 표절 의혹에 대해 자신이 다른 사람의 디자인을 유용했음을 인정하는 일도 있었다.

하지만 우리가 여기에서 주목할 점은, 무수하게 지적된 표절 의혹 중 하나가 정말로 표절이라는 사실 관계를 확인하는 일보다 아무 인연도 없는 인물에게, 게다가 국가정책처럼 자신들에게 직접적인 영향을 미치지도 않은 일에 어째서 많은 사람이 그토록 분노를 퍼부으며 공격적인 자세를 보였는가 하는 것이다.

자, 한번 상상해보자. 사람들이 컴퓨터 앞에 앉아서 사노의 작품을 필사적으로 검색하고 있는 모습은 어쩐지 이상한 느낌이 들지 않는가? 어떤 사람들은 일상에서 자신이 해야 할 일을 할 때보다 이렇듯 누군가를 비난하는 일에 몰두할 때 훨씬 열정적이며 이례적으로 흥분과 만족감을 느끼는 것처럼 보인다.

피해자를 대변하는 관계없는 사람들

2016년, 일본의 구마모토熊本 현에서 7.0 이상 규모의 지진이 일어났다. 구마모토 지진으로 지역 사람들은 막대한 피해를 당했다. 붕괴 위험이 있어서 집에 돌아가지 못하거나 아예 집이 무너진 사람도 있었다. 길거리에 나앉은 피해자의 비참한 상황이 일본 전역에 보도되었다. 그중 남편과 세 아이들을 키우며 구마모토에서 살던 탤런트 이노우에 하루미井上晴美 씨의 자택 피해 상황도 알려졌다. 그녀는 텐트에서 생활하면서 블로그를 통해 현지의 험난한 상황을 알렸다.

"흐르는 눈물이 멈추지 않는다." "이제 우리에게는 아무것도 없다." "가진 게 없다." "큰 여진이 밤중에도 이어져서 잠을 못 잤다." "또 눈물이 나온다. 강해져야 하는데…. 아이들이 잠든 동안에만 울기로 했다." 그녀는 괴로운 심경을 블로그에 하나씩 남겼다.

그러자 일부 사람들이 그녀를 향해 "하소연하고 싶은 건 당신만이 아니다."라며 비난했고, 이노우에는 사정을 밝히고 블로그 활동을 그만두었다. 물론 사람들이 말한 것처럼 그 지역에는 이노우에와 똑같이 비참한 일을 당한 사람이 많았을 것이고, 그녀와 마찬가지로 큰 고통을 겪었을 것이다. 또한 그들이 자신의 블로그에 비참한 상황이나 심경을 토로했다고 해도 그녀처럼 주목받지 못했을 것이다. 아무래도 일반인보다는 유명세를 떨친 연예인이 더 많은 동정과 격려를 받을 가능성도 클 테니 말이다.

그런 점을 고려한다면, 사람들 입장에서 그녀의 행동이 탤런트라는 자신의 특권을 남용하는 것처럼 보이거나 그녀가 교활하다고 느꼈을 수도 있다. 그래서 어떤 정의감이 생겨 그녀에게 비판적인 말을 할 수도 있었으리라 생각한다.

하지만 그렇다고 해서 막심한 피해를 입은 혹독한 상황 속에서 필사적으로 살아나가려는 사람에게 어떻게 그리 비정한 채찍질을 할 수 있을까? 그런 행위가 정당하다고 말할 수 있을까? 그 행동은 정말로 정의감에 따른 것일까? 이런 공격적인 비판을 볼 때마다 유명인에 대한 선망과 시샘, 상대적으로 초라하다고 느낀 자신에 대한 짜증이 투영된 것은 아닌지 의심스럽다.

2011년, 일본 도호쿠 지방東北地方에서 9.0 규모의 동일본대지진이 발생했다. 지진이 3월에 발생했는데, 격한 여진이 계속되어 꽃이 만발하는 계절까지 이어졌다. 당시 일본 사회는 전반적으로 자숙하는 분위기였기 때문에 이때 꽃구경을 간 사람들은 격한 비난을 받았다. 피해자들은 상심에 빠져 꽃구경을 할 처지가 아닌데, 주변에서 떠들썩하게 축제를 벌이는 분위기를 조성하는 것은 피해자들을 배려하지 못한 행위라는 이유였다.

물론 전혀 타당하지 않은 이야기는 아니다. 그러나 이런 시기에 꽃구경을 즐기는 것이 말이 되냐며 신중하지 못하다고 분노한 사람들은 정작 피해자가 아니라 피해자는 실제로 본 적도 없는 불특정 다수, 온라인에서 떠들기만 하는 방관자가 대부분이었다. 차라리 피해자가 분노했다면 이해하기 쉬웠을 텐데 말이다. 또, 아무리 피해자가 꽃구경을 즐길 여유가 없다고 해도 그들이 모두 꽃구경으로 들뜬 사람들에게 분노하거나 짜증을 낸다고도 단정할 수 없다. 모든 국민이 자신들과 똑같이 불행하기를 원하고, 즐거워 보이면 화가 나는 피해자만 있는 것은 아닐 테니 말이다. 그렇다면 피해자에게 투영해서 꽃구경을 즐기는 사람들을 비판한 시람은 과연 정의감으로 움직였다고 할 수 있을까?

융통성 없이 규칙을 외친다

소방관이 우동 가게 주차장에 소방차를 주차해놓고 점심을 먹었다는 사실이 신문에 보도된 적이 있었다. 소방단의 분단장은 "점심을 먹을 시간이 그때뿐이었다. 그러나 경솔한 행동이었다."라고 해명했고, 시의 소방본부도 "소방차를 교통수단으로 사용한 것은 적절하지 않았다. 시민에게 사과드린다."라는 의견을 밝혔다(《주니치 신문》 온라인판 2017년 4월 26일).

보도에 따르면 그날은 아침부터 시의 소방본부에서 설명회가 있었는데, 다음 일정도 있어 점심을 먹을 수 있는 시간이 그때뿐이었다고 한다. 물론 이동 수단으로 소방차를 사용한 것이 문제였을 수는 있지만, 업무를 하나 끝내고 다음 업무를 하기 위해 이동하는 도중에 식사했다고 그렇게 비난받아야 할까? 식사를 하기 위해 경로를 조금 우회했을 뿐인데 이것이 공용차를 사적으로 사용했다는 책망을 받을 정도의 일인지 의문스럽다. 그렇게 융통성 없이 규칙을 적용해 책임을 묻는 것이 과연 올바른 일인지 생각해볼 필요가 있다.

이 보도가 나가고 나서 소방대원뿐 아니라 구급대원이 병원 매점에서 먹을거리를 사거나 병원 식당에서 식사하는 모습을 본 시민들이 클레임을 걸까 봐 각 지자체는 홈페이지를 통해 시민들에게 양해를 구하기 시작했다.

가령 후나바시船橋 시에서는 2016년부터 시 홈페이지에 "구급대원이 연이은 출동으로 식사를 하지 못하는 경우가 있습니다." "병원 매점에 양해를 구해 음식을 사서 먹기로 했습니다."라는 글을 올려서 시민의 양해를 구하고 있다.

지바千葉 시 소방국의 홈페이지에도 "구급대원이 병원 식당에서 식사하는 모습이 눈에 띌 수도 있습니다. 위급 상황에 대비한 출동 체제는 유지되고 있으니 안심하시기 바랍니다."라는 글이 올라왔다. 지바 시 소방서에서는 구급대원이 업무 도중에 편의점에서 먹을거리를 사거나 식사를 해서는 안 된다는 규정은 없지만, 될 수 있는 대로 그런 행동은 삼가고 서에 돌아와서 식사하도록 한다고 했다(〈J-CAST뉴스〉).

소방대원이나 구급대원이 업무와 관계없는 시민의 클레임을 몹시 신경 써야 하는 상황 자체가 이상하지 않은가? 설령 제복이나 공용차(소방차나 구급차)를 사적인 용도로 사용해서는 안 된다는 규정이 있다고 해도 상황에 따라 유연성이 필요한 법이다. 출동과 출동 사이에 제복을 갈아입거나 서에 돌아가서 식사를 하는 것은 다음 출동을 준비해야 하는 점을 고려한다면 능률이 떨어지는 일이다. 규정을 준수하는 것이 아무리 중요해도 그렇게까지 규칙에 얽매일 필요가 있을지 생각해볼 문제다.

소방대원이 병원이나 길거리에 있는 어떤 가게에서 제복 차림으로 음식을 구매하거나 식사하는 모습을 보고 "규칙 위반 아닙니까?"라고 통보하는 것이 과연 정의감에 따른 행동일까?

그건 정말 정의감인가?

이렇게 자기 마음대로 상대의 잘못을 판단해서 비판하는 사람들의 언행을 살펴보면 정말로 순수한 정의감 때문인지 종종 의심스러울 때가 있다. 물론 그중에는 얼핏 정당한 의견처럼 들리는 것도 있다. 하지만 그럴 때조차도 그렇게까지 분노해서 공격할 필요는 없다고 느껴진다. 여전히 정당한 이유가 있어서 비판한다기보다 구실을 잡아서 공격한다는 느낌이 강하기 때문이다.

비판하는 사람이야 괘씸하게 여겨지는 상대에게 자기 의견을 정당하게 피력하는 것이라고 하겠지만, 그런 언행을 보면 옳은 소리, 바른말 한다는 생각보다 꼴사납게 느껴질 때가 있다.

불륜 스캔들을 보고 나무라는 경우만 봐도 그렇다. 비판하는 사람은 "저렇게 상처를 주다니. 저게 사람이 할 짓이야?"라고 나무라면서, 정작 본인도 자신이 비난하는 사람에게 어떤 사정이 있는지 모르면서 거리낌 없이 상처를 주고 있다. "피해자의 처지가 되어 생각해보라."라고 비판하는 사람들도 자신이 비판하는 상대의 처지는 전혀 생각하지 않는 것이다.

소방대원이나 구급대원에게 "규칙 위반이다."라고 말하면서 비난하는 경우도 마찬가지다. 그들이 시간을 아껴서 위급한 상황에 놓인 임무를 필사적으로 해내려는 사정 같은 것은

나무라는 사람이 있다. 하지만 주변 사람의 눈에는 사소한 일조차 그냥 넘기지 못하고 분위기를 흐리는 사람처럼 비칠 뿐이다. 그렇다면 이렇게 보이는 것만으로도 정의를 주장하는 자세 자체가 잘못돼 있다는 것이 아닐까?

자신의 방식을 고집하는 사람들

후배가 자기 나름대로 궁리해서 효율적인 업무 방식을 모색하고 있는데 "뭐 하는 거야? 내가 말하는 대로 하면 되잖아. 쓸데없는 일 하지 마."라고 주의를 주면서 자신의 방식을 강하게 밀어붙이는 선배가 있다. 자신이 미처 깨닫지 못한 방식이 있을지도 모른다고는 생각지 않고, 누구든 자기 방식에 맞추라고만 요구한다. 이런 말을 들은 후배는 당연히 의욕이 없어진다.

물론 반대의 경우에도 비슷한 문제가 일어난다. 일반적으로 업무를 할 때 후배가 직장 선배들의 방식을 따르는 경우가 많다. 그런데 아직 일의 사정을 잘 모르는 후배가 "그 방식은 능률이 안 좋아요. 이렇게 하는 편이 훨씬 효율적일 텐데요."
라며 자신의 방식을 강하게 주장할 때가 간혹 있다. 선배들이
해온 방식에 어떤 이유가 있을 것이라고는 생각하지 않고 무
조건 그들의 방식을 부정하고 본다. 이런 말을 듣는 선배는
당연히 기분이 상한다. 하지만 후배는 아랑곳하지 않고, 마치
선배를 이겼다는 듯 의기양양한 표정을 짓는다.

　이런 사람들은 본인이 올바르다고 생각하는 방식을 상대
에게 제안하거나 주입할 작정으로 그런 말을 한다. 그러나 그
억지스러운 자기주장은 주변의 반발을 일으킬 뿐이다. 올바
른 방식을 고집한다기보다 자신의 방식을 일방적으로 밀어붙
이는 느낌을 주기 때문이다. 이런 유형의 사람을 관찰해보면
자신이 주장한 방식이 잘못되었어도 그 사실을 순순히 인정
하지 않으려고 한다.

　보통 선배라면 자신이 지시한 방식보다 후배가 제안한 방식
이 효율적일 때 그것을 높이 평가할 것이다. 그런데 자신의 방
식만 고집하는 선배라면 후배를 결코 인정하려고 하지 않고
자신의 지시에 따르도록 강권한다. 자신의 방식만 밀어붙이는
후배와 마찬가지인 것이다. 자신의 방식이 더 능률적이라고

생각해서 고집을 부렸다가 나중에 결국 판단 착오였다는 사실을 알게 돼도 아무 일도 없었던 것처럼 시치미를 뗀다.

어느 경우라도 자신의 방식만을 밀어붙이는 사람은 스스로 생각이 부족했다거나 안이하게 전망했다는 사실을 인정하지 않는다. 이런 사람들은 올바름을 주장한다기보다 그저 자신의 방식을 밀어붙이고 싶을 뿐이다.

지금까지의 내용을 쭉 살펴보면 잘못했거나 잘못한 것처럼 보이는 어떤 대상을 비판하는 사람, 그 대상을 지적하고 나무라는 사람 중에는 정말로 올바름을 주장하는 정의로운 사람도 있지만 평소에 쌓였던 자신의 울분을 풀기 위해서 애꿎은 사람을 공격하는 위험한 사람도 포함된다고 볼 수 있다.

얼핏 옳은 일을 주장하는 듯하지만, "그렇게까지 화를 내지 않아도 될 일 같은데."라고 말하고 싶어질 정도로 강하고 공격적인 언행을 보이는 사람이 있다. 그런 사람과 의견이나 감성이 맞지 않아 다른 의견을 낼 때 자칫 그에게 생각지도 못한 공격을 받을 수도 있다.

그런 난처한 상황을 겪지 않으려면 어떻게 해야 할까? 먼저 어떤 사람이 위험한지 구분할 필요가 있다. 지금부터 위험하게 자신의 정의를 밀어붙이는 사람의 특징을 하나씩 살펴보자. 그리고 애초에 정의를 주장하는 일 자체가 위험한 것인지 아니면 정의를 주장하는 방법이 문제인지도 곰곰이 생각해보자.

정의를 둘러싼
논쟁이

복잡한 까닭은
무엇인가?

왜 말이 통하지 않을까?

상대가 당연히 알아주리라고 생각했는데 전혀 알아듣지 못해서 '왜 이해를 못하지?' 하며 당황스러워 할 때가 있다. 아무리 말해도 뜻이 통하지 않는다. 그럴 땐 상대가 '참 어리석구나.' '일부러 그러나?' 생각하게 된다. 하지만 사실 상대는 내 말을 이해하면서 일부러 심술을 부리는 것이 아니라, 진심으로 자신의 주장이 옳다고 생각하는 것이다.

그럴 때 서로 이해한다는 것이 얼마나 어려운지 절실히 느낀다. '이런 당연한 이치가 어째서 통하지 않는 거야?'라고 의아하게 여기는 것을 상대방도 똑같이 생각할 수 있다. 내가 무슨 말을 해도 상대가 이해하지 못하면 '이걸 왜 모르는 거야. 머리가 어떻게 된 거 아니야?'라는 생각이 드는데 상대도 마찬가지다. 어째서 이런 일이 일어날까?

그것은 서로 입장이 달라서 매사를 각자 다른 구도로 보기 때문이다. 구도를 달리 보면 올바르다고 판단하는 이치도 달라진다. 따라서 각자 자신만의 이치를 내세우게 되는 것이다. 이에 대해서는 앞으로 자세히 살펴보자.

입장 차이 때문에 서로를 이해할 수 없다는 문제에는 감정도 얽혀 있다. 조직의 파벌 싸움을 예로 들어보자. 어느 직장에 파벌이 둘로 나뉘어 치열한 다툼을 벌이고 있었다. 그러나 한 파벌의 누군가가 속마음을 터놓고 지내는 상대 파벌의 중신인물에게 "적은 외부에서 찾아야 하지 않을까요? 한 직장에서 서로 다툴 때가 아니지 않습니까?"라고 의견을 건넸다고 하자. 그러면 상대가 뭐라고 할까?

"당신이 하는 말은 머리로는 알겠어요. 그런데 나는 외곬으로 생각하는 사람이라 아무래도 상대편을 용납할 수 없을 것 같아요."라는 말이 돌아올 가능성이 크다.

그가 인품이 매우 훌륭해서 대체로 합리적이라 해도 이 문제는 다르게 대처할 수 있다. 자신과 대립하는 파벌에서 내세우는 의견은 절대 들으려고 하지 않을 수도 있는 것이다. 상대가 내세우는 의견을 알고자 하는 마음이 애초에 없을 수도 있다. 나는 이런 사례를 숱하게 보아왔다. 그래서 서로 이견을 다투는 일이 얼마나 결실을 맺기 힘든지 알게 되었고, 감정적으로 타협하지 않는 한 서로 의견을 주고받는 일은 결말이 나지 않는다고 생각하게 되었다.

물론 이렇듯 감정적으로 대립하지 않더라도 현실에서는 입장의 차이, 즉 전제가 되는 가치관의 차이에 따라 말이 통하지 않는 경우가 매우 많다. 이는 독일의 심리학자 에두아르트 슈프랑거Eduard Spranger의 이론으로 설명할 수 있다. 슈프랑거는 가치관에 따라 인간을 이론형, 권력형(정치형), 경제형, 사회형, 심미형, 종교형 등 6가지 유형으로 나누고 있다.

예를 들어 어떤 정치가가 자신이 생각하는 대로 사람을 조종하려고 여러 가지 책략을 짜내거나 이용 가치가 있는 인간관계만 맺으려고 한다. 이 모습을 보고 어떤 사람은 "꼴 보기 싫은 인간이네. 저런 식으로 사는 게 부끄럽지 않은가? 저래서는 진정한 신뢰 관계나 우정을 쌓지 못하고 쓸쓸한 인생을 살아야 할 텐데."라고 비판적으로 판단한다.

이때 정치가는 자신이 권력을 휘두르는 일에 무엇보다도 가치를 느끼는 권력형 인간이며, 그를 비판하는 사람은 우정과 애정에 바탕을 둔 인간관계를 가장 가치 있다고 판단하는 사회형 인간이다. 이 사례에서는 매사의 가치를 판단하는 기준이 다르므로 각자가 옳다고 생각하는 이치가 당연히 상대에게 통하지 않는다고 할 수 있다.

'능력'과 '연공서열'을 둘러싼 공방

일본의 많은 회사들이 근무 연수에 따라 급여나 지위를 책정하는 연공서열 방식을 오랫동안 이용했는데, 최근에는 실적을 평가해서 급여에 차이를 두는 방식을 도입하고 있다. 어떻게 보면 이는 자연스러운 흐름이고, 사람들 역시 연공서열 방식의 붕괴가 당연하다고 생각할지 모른다. 하지만 능력에 따라 대우하는 것이 바람직한지, 아니면 연공서열 방식으로 대우하는 것이 바람직한지는 그렇게 간단히 결정할 문제가 아니다.

예를 들어 급여 책정이나 승신 심사 이야기가 아니라 학년 진급이나 학급 편성 이야기라면 어떨까? 이럴 때 일본은 오히려 능력에 따라 대우하는 방식에 반대하는 분위기가 강하다. 숙련도에 따라 학급을 나누지 않는다.

"어떻게 저런 주장을 할 수가 있지?
머리가 어떻게 된 거 아니야?"

가끔 우리는 상대와의 의견 차이를
받아들이지 못할 때가 있다.
입장에 따라 구도를 달리 보면
올바르다고 판단하는 이치도
달라지기 때문이다.
그래서 다른 사람을 이해하는 일이
어려운 것이다.

숙련도에 따라 반 편성을 해서 학생들의 난이도에 맞게 맞춤형 수업을 하는 것이 더 효과적이라고 해도 말이다. 능력에 따라 학급을 편성하면 하위권 학급에 들어간 학생이 상처받기 때문에 바람직하지 않다는 것이 이유다.

사실 제도 자체만 놓고 보면 나쁠 것이 없다. 평준화된 반에서 어떤 학생은 자신의 수준에 맞지 않는 수업을 받게 될 것이고, 난도가 높으면 수업 내용을 이해할 수 없으므로 결과적으로 교육을 받는 의미가 없다. 따라서 다음 학년의 교육 수준에 도달하지 못한 학생은 차라리 유급해서 기초를 확실히 습득한 다음 학년을 올라가는 편이 학습 능력을 기르는 데 효과적이다. 하지만 사회에서는 같은 나이에 입학한 학생들이 수준 차이로 다른 학년이 되면 유급한 아이가 주눅이 드니 함께 학년을 올려 보내야 한다는 목소리가 강하다. 그래서 유급을 당연하게 여기는 서양 사회와는 달리 일본 사회는 어지간한 일로는 유급을 시키지 않는다. 같은 나이에 입학했다면 학습 능력과 관계없이 같은 학년이 되어 진급한다.

왜 이럴 때는 효과적인 교육을 받지 못해서 학습에 뒤처지는 것을 안타까워하지 않고, 같은 나이인데 학년이 다르다는 것을 더 안타까워하는 것일까. 그것은 모성 원리가 강한 사회인지, 부성 원리가 강한 사회인지에 따라 가치관이 다르기 때문이다. 그로 인해 어떻게 하는 것이 공평하고 또 불공평한지 판단하는 기준도 달라지는 것이다.

분석심리학을 연구하는 일본의 대표적인 임상심리학자 가와이 하야오河合隼雄는 이 두 원리의 특징을 모성 원리는 '우리 아이는 모두 좋은 아이', 부성 원리는 '좋은 아이만이 우리 아이'라고 구분했다. 모성 원리에 따르면 모두 좋은 아이이기 때문에 똑같이 평등하게 대해야 하며, 친구 사이에 차이가 나지 않도록 하는 것이 무엇보다 중요하다. 반면 부성 원리에 따르면 능력에 따라 차등 대우하고 그에 맞게 단련하는 것이 중요하다. 이렇게 보면 일본의 교육은 유급하거나 낙오하는 사람이 나오지 않는 일을 가장 중시하므로, 모성 원리를 따른다고 볼 수 있다.

그런 가치관이 바탕이 된 사회에서는 같은 나이의 사람은 같은 대우를 받아야 한다는 사고방식이 널리 공유되어 있으므로 회사의 대우 방식도 연공서열이 바람직하다고 볼 것이다. 모성 원리가 강한 사회에서는 능력이 부족하다고, 노력하지 않고 눈에 띄는 성과를 내지 못했다는 이유로 사람을 간단히 내치지는 않는다. 하지만 이럴 경우 유능한 사람이나 성과가 높은 사람은 쉽게 불만을 느낄 것이다. 그래서 능력이 뛰어나거나 높은 실적을 올리는 사람이 손해를 본다는 반론이 나올 수 있다.

반면 부성 원리가 강한 사회는 능력이 없는 사람에게 냉정한 경향이 있다. 능력이 낮거나 성과를 내지 못하는 사람은 깨끗하게 내쳐지므로 사람들 사이의 격차가 극단적으로 벌어질 수 있다. 이럴 때는 능력과 실적으로만 승진이나 승급에 차이를 두는 것은 바람직하지 않다는 의견도 나온다.

그런데 재미있는 사실은, 이러한 문제가 고대 그리스 시대부터 지적되어 왔다는 것이다. 가령 입장에 따라 올바르다고 주장하는 '평등'도 달라진다. 철학자 플라톤Plato은 독재 체제 중심의 극단적인 불평등과 민주주의 체제 중심의 차별 없는 평등 중 어느 쪽을 택할지를 두고 내부에서 다툼이 끊이지 않았다고 했다.

이러한 다툼은 평등에 관한 정반대의 두 사고방식이 대립해 벌어진다. 하나는 누구에게나 차별 없는 평등이 균등하게 주어져야 한다는 사고방식이고, 다른 하나는 능력이나 덕이나 교양 등 각각의 본성에 따라 평등이 비례해서 배분되어야 한다는 사고방식이다. 이 논쟁에 대해 플라톤은 "서로 다른 각 대상의 본성에 따라 주어지는 평등(《플라톤 전집13 미노스 법률》, 이와나미 쇼텐)"이 바로 정의이지만, 분쟁을 피하고 대중의 불만을 누그러뜨리기 위해 차별 없는 평등을 부득이 이용할 수도 있다고 했다.

능력이 뛰어난 사람은 능력에 따라 대우해주는 것이 타당하다고 생각하고, 능력이 적은 사람은 누구나 차별 없이 동등한 대우를 받는 것이 옳다고 생각한다. 만약 전자가 추구하는 평등의 가치를 바탕으로 정책을 만들면 능력이 별로 뛰어나지 않은 사람은 불만을 품을 것이고 사회가 혼란스러워진다. 따라서 이럴 땐 부득이 두 종류의 평등을 이용해야 한다.

커리어가 전부냐, 가정이 우선이냐

최근 일본에는 '1억 총활약 사회'[3] 라는 정부의 슬로건을 바탕으로 보육 시설을 확충하자는 목소리가 높아지고 있다. 아이가 영아기일 때부터 보육 시설에 맡겨 엄마나 아빠 모두 육아에서 해방됨은 물론, 부모가 자기 개인의 경력을 쌓을 수 있게 하자는 것이다. 이런 가치관이 지배적인 탓에 사람들 사이에서는 가능하면 아이를 맡기고 남녀 모두 육아에서 해방되는 것이 올바른 일이며, 그것을 방해받는 것은 바람직하지 않다는 인식이 생겼다.

물론 무조건 분위기에 휩쓸릴 것이 아니라 육아의 가치, 아이의 가치도 고려하고 있는지 생각해봐야 한다. 이런 생각 없이 오로지 부모의 경력 쌓기만을 추구하는 것은 문제다. 육아에서 해방되고 경력을 쌓으려면 먼저 아이와 함께 살아가는 데 필요한 최소한의 생활양식을 갖춰야 한다. 특히 아이를 맡기고 걱정 없이 일터에 나갈 수 있도록 제도적인 부분이 뒷받침되어야 한다.

그런데 부모가 이를 고려하지 않고 자신의 경력을 쌓는 데에 아이가 족쇄가 된다는 이유로 어떻게 해서든 육아에서 해

---

3 2050년 이후에도 인구 1억 명을 유지하고 남녀노소 모두가 경제활동에 참여하는 사회를 만들자는 일본의 정책. —옮긴이

방되고 싶어 하는 거라면 사정은 달라진다.

커리어를 중시하는 사람들의 마음속 전제는 육아가 개인의 경력을 추구하는 데 방해가 되며 아이는 개인이 활약하는 데 발목을 잡는 존재라고 간주하는 것이다. 따라서 누구나 육아에서 해방되어 원하는 만큼 경력을 쌓을 수 있는 사회를 만들어야 하며, 그러려면 누구나 아이를 맡기고 일터에 나갈 수 있도록 보육 시설을 확충해야 한다고 주장한다.

하지만 세상 모든 부모가 그런 가치관을 지닌 것은 아니다. 육아를 경력 추구나 개인의 활약에 방해가 되는 일이라고 생각하지 않고, 미래 사회를 짊어지고 갈 다음 세대를 기르는 중요한 일이라고 보는 사람들도 있다.

이런 가치관을 지닌 사람은 아이를 맡기고 일을 나가는 것이 당연하고, 누가 뭐래도 자신의 경력을 쌓는 일에 적극적이어야 한다는 사회 분위기에 위화감을 느낀다. 오히려 이들은 아이를 좀 더 가치 있는 존재로 봐야 하며, 육아의 가치를 제대로 인정해야 한다고 생각한다. 무슨 일이든 아이를 위하기보다 자신의 활동만 우선시하는 사람들을 보면 미숙하고 자기중심적이라며 혀를 찬다.

한번은 어느 시의회에 참석해서 육아 정책에 대한 논의를 한 적이 있다. 시민들도 방청하는 자리였는데, 그때 한 단체의 대표가 "육아가 즐겁다는 어머니가 여성의 지위 향상을 방해하고 있다. 그런 경우 모자를 제도적으로 떼어놓아서 자각하게 할 필요가 있다."라는 발언을 해서 몹시 놀랐다.

어떤 가치관을 추구할 것인지는 개인의 자유라고 해도 자신의 가치관이 절대적으로 옳다고 믿고, 상반되는 가치관을 전부 부정하는 정책을 요구하는 자세에 말문이 막혔다. 하지만 지금 일본의 국가정책은 그쪽을 향하는 듯하다. 그런 분위기가 만들어내는 사회문제는 무엇일까? 자신들이 부모의 짐이라고 느끼는 아이들은 어떻게 자랄까? 부모는 어떨까? 부모는 육아를 하면서 짜증이 많아지고 뒤처진다는 압박감에 괴로워할 것이며, 그런 부모 밑에서 자란 아이는 자기긍정 능력이 떨어질 것이다.

나는 아이를 유치원에 보내고 있는 부모 201명을 모집단으로 두고 설문 조사를 한 적이 있다. 그 결과 육아의 가치를 부정하는 부모에게 육아 스트레스의 징후가 강하게 나타나고 그들은 육아를 하면서 상당한 압박감을 받는다는 사실을 확인했다. 반면 육아의 가치를 긍정하는 부모는 육아 스트레스나 압박감도 훨씬 약했다.

이렇게 추구하는 가치관이 다르면 매사 자신의 상황을 받아들이는 방식과 그때마다 느끼는 감수성도 달라진다. 결국 자신의 경력 추구와 활약을 무엇보다 중요하게 여기는 가치관과 육아를 통해 차세대를 육성하는 것을 중요하게 여기는 가치관을 비교해서 어느 쪽이 올바른지 결정하는 것은 그리 간단한 문제가 아니다.

경쟁은 동전의 양면과 같다

자유경쟁을 장려하고 규제 완화를 요구하는 미국의 압력 탓에 일본 정부가 온갖 영역에서 잇달아 규제 완화를 내세우고 있다. 이 정책을 지지하는 사람은 자유경쟁으로 일을 획득하고, 자유경쟁으로 형성된 가격이 절대적으로 옳다고 믿을 것이다.

하지만 자유경쟁으로 끝없는 가격 낮추기 싸움이 일어나면, 가격 파괴로 인해 기업은 궁지에 몰린다.

"부모이기 전에 나도 한 사람으로서
이루고 싶은 목표가 있는데,
육아에서 해방되면 좋은 거 아냐?"

"아이를 낳았으면 책임을 져야지,
자기 커리어가 중요하다고
아이를 나 몰라라 할 건가?"

이 상반된 두 의견은 부모들의
딜레마다. 어느 쪽이든 나쁘다고
할 수 있을까?

또한 노동자는 더욱 혹사당하면서 저임금의 노동 환경으로 내몰리게 된다. 따라서 자유경쟁에 제동을 가하지 않으면 시민의 생활이 어려워지리라는 염려도 있는 것이 사실이다. 최근 미국이나 유럽연합에 속한 여러 나라에서 보호무역을 원하는 목소리가 높아지는 것도 그런 상황을 우려한 까닭이다.

하지만 미국은 자국에서는 보호무역을 추구하려고 하면서 다른 나라에는 자유무역을 요구하는 모순된 행동을 하고 있다. 그러면 자유경쟁이 올바른지, 경쟁은 어느 정도 규제해야 하는지 등의 문제에서 어느 쪽이 올바르다는 기준이 없어진다. 결국 상황에 따라, 편의에 맞게 자유경쟁을 하거나 규제해야 한다는 말과 다르지 않다.

매번 주장하고 싶은 쪽의 상황에 맞는 이치를 내세우는 모순은 미국뿐 아니라 일본에서도 살펴볼 수 있다. 가령 입찰을 통해 경쟁해야 하는 일에서 업자가 정부 요인과 연줄을 무기로 입찰 없이 일을 수주하는 불법적인 실태가 그런 것들이다.

물론 반대로 경쟁을 배제하는 일도 주변에서 쉽게 찾아볼 수 있다. 가령 학교 운동회에서 달리기 시합을 폐지하거나 순위를 매기지 않는 움직임이 널리 퍼지는 것 등이다. 이렇게 자유경쟁을 배제하자는 주장 뒤에는 발이 느린 아이가 상처 받을 수 있다는 이유가 따라다닌다.

그래서 체육 시간에 달리기 속도를 측정해두고 운동회에서 비슷한 순위끼리, 그러니까 각 반의 1위, 15위, 30위를 모아 놓고 달리는 식으로 속도에 차이가 나지 않는 조합을 구성하기도 한다. 덕분에 각 반의 하위권 아이들은 큰 차이가 벌어지지 않지만, 상위권 아이들은 극히 일부만이 득의양양한 기분으로 골인할 수 있다.

이런 일은 달리기 시합에 한정되지 않는다. 한번은 학교에서 특정 학생을 칭찬하지 않는다는 이야기를 교사에게 들은 적이 있다. 칭찬받지 못한 학생이 상처 입기 때문이라고 했다. 학생의 우수 작품을 학교 소식이나 홈페이지에 게재하는 것도 어렵다고 했는데, 게재되지 못한 아이나 그 보호자에게서 들어오는 불만사항에 대처하기가 난처하기 때문이란다.

학예회에서 몇 명이 주인공 역할을 나눠 하는 부자연스러운 방식을 채택하는 경우도 있다. 16명의 아이가 나누어 주인공을 연기하는 경우도 있었다. 그렇게 한 이유는 "어째서 우리 아이는 주인공이 아닌가요?"라는 보호자의 항의를 우려한 탓이다. 이런 배려나 항의는 보통 사람들 사이에서 자유경쟁에 대한 부정적인 평가가 널리 공유되고 있음을 나타내는 것이 아닐까?

사실 운동회의 달리기나 학예회의 주인공은 대수롭지 않은 일일 수 있다. 그런 사소한 문제를 무역이나 입찰의 자유경쟁 문제와 견주어 비교하는 것은 문제라고 할 수도 있다. 그러면 무역이나 입찰의 자유경쟁보다 더 가깝고 중대한 문제인 입시 경쟁을 예로 들어보자.

일본에서는 지나친 입시 경쟁에 시달리는 아이들을 위해 경쟁을 완화할 필요가 있다는 이야기가 나왔고, 그런 분위기 때문에 다양한 추천 입시 제도가 만들어졌다. 사립대학의 경우 절반 이상이 필기시험 없이 입학하고 있다. 추천 입시는 국립대학에서도 추진하고 있는데, 앞으로 그 수를 더 늘릴 계획이라고 한다.

학생들의 입시 경쟁은 규제하자, 배제하자고 하면서 어째서 자유경쟁 때문에 저가 전략을 고심하는 기업을 위해 경쟁을 규제하자, 배제하자는 말은 나오지 않는 것일까?

이것은 다른 문제가 아니다. 학교는 공부하는 장소이며 회사는 일하는 장소다. 사회에 나와 처음 맞닥뜨리는 회사에서는 연공서열이 무너지고 실력주의, 성과주의가 중시되어 업무 능력에 따른 자유경쟁의 세계로 가는 것이 옳다고 하는데, 어째서 사회에 나오기 전 수학했던 학교에서는 학력에 따른 자유경쟁을 배제하는 것이 옳다고 하는 것일까?

학생들은 어느 쪽이 옳다고 믿어야 할까? 이렇게 보면 자유경쟁이 옳은지, 경쟁을 규제하거나 배제하는 것이 옳은지와 같은 문제에는 정답이 없다. 단지 선택의 문제만이 있을 뿐이다.

플라톤이 말했듯 실력이 부족한 사람의 불만이나 위화감을 해소하기 위해 실력 있는 자가 승리하는 자유경쟁을 배제할 필요가 있다고 하면 입시 경쟁을 완화할 수도 있다. 공부를 못하는 아이의 집안에서 '공부를 잘하는 아이만이 우대받는 것은 치사해.'라는 불만을 품는다면 필기시험뿐 아니라 면접이나 학력 이외의 면도 고려해 선발하는 방식이 그런 불만을 해소할 수 있다.

하지만 이런 입시 방식이 불법적인 입찰과 마찬가지로 정부 요인의 관계자를 쉽게 입학시키려고 제도를 완화하는 것이라면? 그런 측면이 없다고 단정할 수 있을까? 나는 여러 대학에서 추천 입시의 면접을 봐왔다. 그때마다 보고 느낀 것은 면접관의 평가가 아주 유동적이라는 것이다. 면접관의 성격이나 가치관이 수험생에 대한 평가에 크게 반영된다. 세부적인 기준이 설정되어 있어도 결국 그 기준을 적용하고 판단하는 데에는 면접관의 주관적인 생각이 들어갈 수밖에 없기 때문이다.

평가자의 주관에 따라 평가 결과가 크게 좌우되는 일은 심리학 실험으로도 증명할 수 있다. 그러므로 필기시험보다 면접의 비중이 커지면 커질수록 면접관의 주관적 평가가 들어갈 여지가 많아진다는 것도 사실인 셈이다. 다시 말하면 면접관만 잘 포섭하면 얼마든지 권력자의 관계자를 쉽게 우대할 수 있다는 것이다. 흔히 말해 과거 뒷구멍 입학이라고 불렸던 일이 추천 입시라는 이름으로 바뀌어 더 용이하게 자행되는 문제가 발생할 수 있다.

입시를 치르는 수험생 집안이 잘나가면 그 집안에서 노골적으로 면접관을 매수하지 않아도 면접관이 알아서 잘 봐주기도 한다. 그가 일부러 잘 봐줄 의도까지는 없다고 해도 '어느 유명인의 자식이다.'라는 사실을 알게 되면, 은연중에 후광 효과가 작용해서 '분명 뛰어날 거야.'라고 생각하게 된다. 그러면 객관적으로 봤던 것보다 평가가 더 좋아지게 된다. '분명히 뛰어날 거야.'라는 눈으로 보면 자신의 신념과 일치하는 정보만 받아들이는 확증 편향confirmation bias이 작용해서 잘한 것만 보이고 모자란 부분은 무시하기 쉽다.

학력에 따른 경쟁이 옳다거나 완화해야 한다고 주장하는 사람들은 각자 자기주장에 알맞은 이치를 내세우는데, 이는 앞서 말한 것처럼 입장에 따라 얼마든지 만들어낼 수 있다. 이렇게 보면 자유경쟁이 옳은지, 경쟁을 규제하거나 배제하는 것이 옳은지의 문제는 이치로 결정할 수 있는 일이 아님을 알 수 있다.

입장에 따라 보는 이치가 달라진다

입장이 다르면 매사를 보는 구도가 달라진다. 그리고 내세우는 이치도 달라진다. 어떤 이치가 옳은지 판가름하는 일은 결국 입장에 따라 달라진다. 그러므로 내가 내세우는 이치가 상대에게 통하지 않아서 곤란할 때, 상대의 이치를 받아들이기 힘들 때, 그래서 논의가 잘 이루어지지 않을 때는 서로의 입장 차이를 고려해볼 필요가 있다. 입장 차이를 무시하면 아무리 논의해도 서로 자신이 절대적으로 옳고 상대가 잘못되었다고 믿어서 상대를 공격하기만 한다.

앞서 말했던 육아에 대한 관점 차이를 예로 들어보자. 자신의 경력을 쌓는 것이 무엇보다도 중요한 사람이 보기에 육아는 경력을 쌓는 데 방해가 되는 일이며 가능하면 하고 싶지 않은 일이다. 그래서 보육 시설의 설립 기준을 완화하는 등 육아를 외부에서 해결할 수 있는 사회정책이 필요하다고 생각하며 그런 정책을 추진하는 일에 목소리를 높인다. 그리고 남자든 여자든 부모가 모두 육아에서 해방되어 각자의 경력을 쌓고 활약할 수 있는 사회를 만들어야 한다고 주장한다.

반면에 가정을 돌보는 일이 더 소중하다는 사람은 이런 정책을 다른 관점으로 보고 해석한다. 가령 남녀 모두 육아에서 해방되어 일터에 나가는 것을 장려하는 정책은 개인과 가족의 행복에 무관심한 정책자가 세수를 확보하고, 값싼 노동력을 확보하려는 의도에서 추진하는 것이라고 생각한다. '눈부신 활약'처럼 듣기 좋은 말로 자기애를 부추겨서 사람들이 가정 밖의 노동을 열심히 하도록 내몰고 있지만, 현실적으로 '눈부신 활약' 같은 것은 대다수의 사람과는 연이 없다는 것을 안다.

그런 사람들은 육아를 귀찮은 일쯤으로 간주하는 정책자들을 자신이 활약하는 일만 중요하게 생각하는 자기중심적인 사람이라고 생각한다. 그런 정책자들에게서 아이들을 지켜야 한다는 사명감마저 가지고 있다. 동물조차 스스로 자식을 키워내려고 하는데, 경력을 쌓겠다는 자기중심적인 욕망 때문에 아이가 부모와 친밀해질 기회를 빼앗겨서는 안 된다고 주장한다.

양쪽 이야기를 들어보면 모두 다 자신의 입장에서 옳은 이치를 주장하고 있는 셈이다. 그래서 서로 상대의 이치를 받아들이지 못한다. 이와 유사한 문제로, 대학 등의 교육 현장에서는 성적이 나쁜 학생을 유급시켜야 하는지, 성적과 관계없이 진급이나 졸업을 시켜야 하는지를 두고 대립하는 일이 종종 있다.

심리학자 야마조에 타다시山添 正는 스위스 유학 중에 취리히대학의 일본어학과에서 학생을 엄격하게 대하는 것을 보고 놀랐다고 한다. 새 학기 등록자가 70명 정도 되었는데, 그중 졸업논문을 쓰는 과정에 도달한 사람은 두세 명뿐이었기 때문이다. 입학한 학생 대부분이 함께 졸업하는 일본과는 크게 차이가 있었다.

야마조에가 취리히대학의 교수에게 말했다.

"그렇게 엄격하게 하면 학생이나 부모들이 불만을 제기하지 않습니까? 저는 학점이 부족한 학생을 위해 그 담당 교수에게 부탁해서 학점을 달라고 한 적도 있습니다."

"그게 도대체 무슨 말입니까? 자신이 가르치는 일에 책임을 지지 않는 겁니까?"

그는 취리히대학의 교수에게 엄한 비판을 들었다.

야마조에는 이 에피소드를 이야기하면서 몇 마디를 덧붙였다.

"일본에서는 학업 미달을 이유로 학생을 낙제시킬 만큼 용기 있는 교사가 매우 드뭅니다. 낙제시키면 학생에게 원망을 듣고, 부모가 간청하러 오며, 만약 그 학생이 취직이라도 한 상태면 채용한 회사에서도 화를 냅니다."

이렇게 말하면서 야마조에 또한 학생 본인이나 가족, 대학, 사회조직이 학생의 학업 달성을 중시하지 않는 일본의 실태를 꼬집었다. 학점이 부족해서 졸업하지 못하는 학생이 자신의 연구생으로 있으면 그 학생을 위해 교수가 낙제 과목의 담당 교수에게 학점을 달라고 부탁하러 다니기까지 하는 현실을 말이다.

이런 에피소드는 결코 과장된 이야기가 아니다. 실제로 나도 상당히 성적이 나쁜 학생들의 담당 교수에게 그 학생들의 취직이 정해졌으니 어떻게든 통과시켜 달라는 서신을 받은 적이 있다. 교무 담당자에게도 학점을 받지 못한 학생 수가 10%에 가까운 것은 지나치니 좀 더 합격시켜 달라고 몇 번이나 강하게 부탁받았다.

이런 상황에 놓이면 교수는 어떤 선택을 하는 것이 옳은지 갈등한다. 합격 기준과 비교해서 성적이 현저히 떨어지는 학생에게 학점을 주지 않고 다시 실력을 기르도록 교육적 배려를 하는 것이 옳은지, 아니면 취직이 정해졌거나 이미 한 번 유급한 학생에게 온정을 베풀어 학점을 주는 것이 옳은지 말이다.

그러나 많은 대학들이 정부 지원금이나 학생들에게 등록금을 받고 있으므로 가급적 학점을 주는 방향을 장려한다. 따라서 학생의 실력을 길러야 한다고 생각하는 교수도 어지간한 일이 아니면 넓은 마음으로 학점을 주려고 한다.

교수 입장에서는 기준 점수에 도달하지 못한 학생에게 학점을 주지 않고 다시 실력을 기를 수 있도록 지도하는 것이 정당하다고 생각할 것이다. 그러나 대학을 경영하는 입장에서는 낙제하는 학생이 많거나 졸업률이 낮으면 정부 보조금을 받는 데 지장이 생길 뿐더러 학교의 평판이 나빠져서 지원자가 줄어들 것을 염려한다. 학교를 경영하기가 쉽지 않아서다. 그런 점을 고려하기 때문에 아무리 성적이 나쁜 학생이라도 가능한 한 학점을 줘서 졸업할 수 있도록 해야 한다고 주장한다.

학교의 입장에 적극적으로 동조하는 교수들이 내세우는 근거는 이런 것들이다. 가망 없는 학생은 낙제시켜서 다시 기회를 준다고 한들 성실하게 실력을 갈고닦지 않는다. 어차피 교육 효과를 기대할 수 없는 것은 매한가지니 차라리 학점을 주고 사회에 내보내는 편이 좋다. 또한 취업이 내정된 학생을 낙제시키면 그 기업이 다음 해부터 우리 대학의 학생들을 채용하지 않으려고 할 테니 학생들의 취업에도 지장이 생긴다. 학생들을 다시 지도해야 한다는 교수들이 내세우는 교육적 배려와는 사뭇 다른 차원의 이치를 주장하는 것이다.

이렇게 입장에 따라 다르게 보고 내세우는 이치도 다른 것은 교육 문제만이 아니다. 정치 토론회, 국회 중계를 봐도 각자의 주장이 완전히 엇갈려서 헛된 논의만 하는 경우가 많다. 하지만 앞서 살펴본 것처럼 그들의 이야기가 서로 다른 것은 어찌 보면 당연한 일이다. 입장이 다르고, 입장에 따라 상황을 바라보고 판단하는 기준이 다르고, 그 판단이 옳다고 설명하기 위해 내세우는 이치가 다르기 때문이다.

이치가 다르면 정의도 달라진다

입장이 다르면 매사를 바라보는 구도가 달라지고, 각자 그 틀에 맞춰 자신의 생각이 옳다고 주장하므로 아무리 의견을 주고받아도 엇갈리기만 한다. 이럴 때에는 한쪽의 주장만으로 결말을 낼 수 없다. 따지고 보면 전쟁이 일어나는 것도 그런 이유 때문이다. 양국 모두 제 나라의 주장만 옳고, 상대의 주장은 틀렸다고 믿어서다. 각자 자기 마음대로 상대를 트집 잡는다는 자각은 어디에도 없다.

오히려 자신이 하는 말을 상대가 왜 이해하지 못하는지 이상하게 여기고, 상대 국가가 터무니없이 횡포를 부린다며 분노한다. 불신감은 점점 쌓인다. 하지만 문제는 상대 국가도 똑같이 생각한다는 것이다. 양쪽 모두 양보하지 않고 불신감이 커지니, 이는 곧 적의로 바뀐다. 그래서 전쟁이 일어나는 것이다. 그 결과 전쟁에서 승리한 쪽의 이치가 올바르다고 인정되고 패전한 쪽은 승전국의 논리를 전면적으로 받아들여야 하는 상황에 놓인다.

"정의는 힘을 가진다."라는 말은 이상적이다. 하지만 현실은 유감스럽게도 힘이 정의가 된다. 그래서 '힘이 정의가 된다.'는 사고방식에 편승해 무력으로 타국을 지배하려는 국가가 나오거나, 자본을 휘둘러 국경의 벽을 넘고 거침없이 착취하려는 글로벌 기업과 그들을 후원하는 국가가 나타나는 것이다.

하지만 어떤 이유에서건 전쟁은 피해야 한다. 많은 사람이 피를 흘리고 목숨을 잃는 일이 일어나서는 안 되기 때문이다.

또한 자본력을 앞세워 약소 기업을 궁지에 몰아넣고 강압적으로 쓰러뜨려 그 기업에 속한 수많은 노동자들을 길거리에 나앉게 하는 방식이 허용되면 부가 한곳에 집중되므로 이 역시 결코 바람직하다고 할 수 없다.

힘이 정의가 되는 상황에서는 강압적인 승부를 규제할 수가 없다. 강자의 논리가 옳기 때문이다. 그때 필요한 것은 상대의 입장에 공감하며 서로 이해하고 다가가는 일이다. 매사를 자기주장대로만 밀어붙이려고 하면 누구의 주장이 옳은지 다투게 되고, 결국 힘센 자의 전면적인 승리로 끝나고 만다. 어떤 이치가 옳은지 다투기만 해서는 분쟁이 해결되지 않는다. 따라서 자신의 이치만을 주장하지 말고, 상대의 주장에 근거가 되는 이치를 이해하기 위해 상상력을 동원하고 그것을 존중하려 가능한 합의점을 찾는 자세를 보여야 한다.

그러려면 먼저 상대편 논리의 배경이 되는 상대의 입장과 생각에 공감해야 한다. 이것은 자기주장보다는 배려와 공감을 통해 상대의 입장과 기분을 살피는 데 더 가치를 두는 우리의 전통적인 자세이기도 하다. 그 자세를 다시금 일깨울 필요가 있지 않을까?

일방적인 자기주장이 가능한
인터넷 공간

그런데 우리는 왜 이런 자세를 갖지 못하고 자기주장만 열심히 해대는 것일까? 현대사회에는 인터넷 공간이 확대되면서 파생되는 문제 또한 커지고 있다. 상대의 입장과 기분을 배려하던 사람들의 마음가짐이 인터넷 공간이 확대되면서 점점 무너지고 있다.

온라인에서는 상대가 눈에 보이지 않고 목소리도 들리지 않는다. 상대의 존재감이 거의 느껴지지 않기 때문에 자연스럽게 상대를 신경 쓰지 않게 되고 무심코 일방적으로 자기주장을 하기 쉽다. 반면 대면하는 상황이라면 당장 눈앞에 있는 상대의 반응이 실감 나게 전해져 오기 때문에 자연스럽게 상대를 신경 쓰고 배려하게 된다.

'내가 말이 좀 지나쳤나?'

'기분 나쁜 말을 했나?'

'상처 주는 말을 하지 않도록 조심해야지.'

이렇게 생각하게 되는 것이다.

"정의는 힘을 가진다."라는 말은
이상적이다. 하지만 현실은
유감스럽게도 힘이 정의가 된다.
힘이 정의가 되는 상황에서는
강자의 논리만이 옳다고 여겨진다.
따라서 자기주장만 밀어붙이려고
하기 전에 상상력을 동원하여 상대를
이해하고 존중하고 합의점을 찾는
자세를 갖는 게 중요하다.

그런데 온라인은 상대의 존재를 고려하기보다 자기 혼자만의 세계에 있는 듯한 느낌이 들기 때문에 자기 생각을 거리낌 없이 쏟아내게 된다. 그 결과 안 좋은 말을 써서 책임을 추궁받거나, 타인에게 상처 주는 글을 올려 사죄하라는 요구를 받기도 한다. 이럴 경우 타인에 대한 배려가 없어진다는 문제만이 아니라 감정적으로 비뚤어진 정의감을 내세워 타인을 아무렇지도 않게 비난한다는 문제도 생긴다.

가령 누군가 상품이나 점원의 태도에 불만을 품고 온라인상에 항의하는 글을 써서 올리면 그것이 단숨에 확산된다. 그러면 기업 이미지나 매장의 실적이 뚝 떨어지고 때로는 폐업이라는 최악의 상황으로 내몰리기도 한다.

그런데 사실 이 상황만 놓고 보면 글을 써서 올린 본인 이외에 온라인상에서는 일의 진상을 정확히 아는 사람이 없다. 그의 말이 사실일 수도 있지만 어쩌면 매우 편향된 글일 수도 있는 것이다. 그런데도 갑자기 정의감이 솟아 자극받은 사람들은 '이거 심하네. 혼 좀 나야겠어.'라는 마음으로 계속해서 글을 퍼뜨린다.

물론 트위터에 올라온 글을 리트윗하면서 퍼뜨리는 사람은 그 글이 사실이라고 믿고 순수한 정의감에 사로잡혀서 그랬을 것이다. 하지만 자신이 사실이라고 믿었던 본래의 정보가 실은 개인적인 원한이나 시샘으로 만들어진 비방이거나 홧김에 대상을 헐뜯은 것이라면 본인의 의도가 순수했어도 결코 올바른 행위라고 말할 수 없다. 오히려 부당한 비방에 도움을 주었기 때문이다.

따라서 온라인에서 어떤 글을 보고 정의를 지키고자 행동할 때는 자신이 하려는 행동이 실은 부당한 행위에 힘을 실어주는 일은 아닌지 생각해봐야 한다.

뭐든지 할 수 있다는 환상이 비뚤어진 정의감을 키운다

인터넷이란 공간에서는 누구라도 불특정 다수에게 자기 생각을 퍼뜨리거나 영향력을 행사할 수 있다. 예전에는 그런 영향력을 행사할 수 있는 사람이 언론 매체 관계자나 특정 분야의 전문가에 한정되어 있었다. 하지만 온라인 네트워크가 커지면서 지금은 마음만 먹으면 누구라도 불특정 다수에게 자신의 의견과 생각을 밝힐 수 있게 되었다.

가령 자신이 쓴 글이 가게의 경영자나 직원을 궁지에 몰아넣을 수도 있다. 학교의 책임자나 교사를 궁지에 몰아넣을 수도 있으며, 병원의 경영자나 직원을 몰아세울 수도 있다. 인기 연예인이나 운동선수를 위기로 내몰 수도 있다.

이런 식으로 누군가에게 영향력을 행사할 수 있다고 생각하는 사람들은 정보를 발신하는 힘을 손에 넣으면 자신이 전능한 존재가 된 것처럼 착각한다. '나는 세상에 영향을 줄 수 있다.' '나에게는 커다란 힘이 있다.' '나는 뭐든지 생각한 대로 할 수 있다.'라는 환상에 사로잡힌다. 그래서 유명인의 인터뷰를 보다가도 그의 발언이 마음에 들지 않으면 화를 내며 바로 온라인상에 그를 공격하는 글을 쓴다. 매장 점원이나 병원 직원의 언행에 기분 나빠져도 마찬가지다. 용납할 수 없다고 생각하며 공격적인 글을 쓴다.

그런 글을 쓰는 사람은 스스로 뭐든 할 수 있다고 자신을 과대평가한다. 그리고 '나는 무조건 옳다.'라고 믿는다. 용서하기 어려운 상대를 만나면 마치 자신이 하늘을 대신해 벌을 준다고 생각하며 공격한다. 하지만 입장이 다르면 논리가 달라진다고 하지 않았던가. 비난받는 상대에게도 자기 나름대로 할 말이 있다.

이런 식으로 자신의 정의를 과신하고 밀어붙이는 사람들이 그렇게까지 하는 데에는 두 가지 이유가 있다. 하나는 상대의 존재감을 잘 느끼지 못하는 온라인 공간에 노출되어 있다는 것이고, 다른 하나는 그 공간에서 스스로 전능한 존재인 것처럼 착각하기 때문이다.

정의감을 앞세워
집단으로 공격하는 사람들

법률로 무죄 판결을 받았다고 해도 윤리적으로 절대 용납할 수 없는 일을 하는 사람이 있다. 우리가 피해자가 될지도 모른다는 생각 때문인지, 그런 일을 저지른 사람을 보게 되면 분노를 느낀다. 가령 어떤 정치인이 자신의 비리가 폭로되었을 때 기자회견 자리에서 이런 식으로 해명하는 말을 들은 적이 있을 것이다.

"적절하지 않았을지도 모르지만, 결코 위법이 아닙니다."

"위법은 아니지만, 오해를 살 수도 있으니 앞으로는 제대로 하겠습니다."

교활하게 법망을 빠져나가는 것이 훤히 들여다보이는데 자신이 정당하다는 식으로 포장한다. 그러면 우리는 그렇게 뻔뻔한 태도로 못된 짓을 저지르는 사람이 법적으로 처벌받지 않는 문제에 크게 분노하며 세상의 불합리함을 강하게 느낀다.

예전에 일본에서 '미토고몬水戸黄門'[4]이란 드라마를 방영한 적이 있다. 권선징악에 대한 내용 덕에 당시 사람들에게 큰 반응을 얻었는데, 그 후로도 '필살사업인必殺仕掛人'[5], 같은 부류의 형사물이 차례로 나와 인기를 얻었다. 이 역시 정의를 위해 분노하는 사람이 많다는 증거라고 할 수 있다.

4 1969년부터 2011년까지 방영한 일본의 시대극이다. 일본 에도 시대를 배경으로 한 이 프로그램은 주인공 미토 미쓰쿠니가 수하 장수인 스케 상, 가쿠 상과 함께 전국을 돌며 나쁜 이들의 잘못을 바로잡고 어려운 백성을 도와준다는 내용이다.-옮긴이

5 1972년부터 시작된 일본의 시대극 시리즈로, 낮에는 평범한 주인공이 밤이 되면 악인을 처벌하러 다니는 내용이다.-옮긴이

권력이나 재력을 휘두르며 횡포를 부리는 정치인, 관료, 기업가들에게 분노해서 그들을 비판하는 일이 결코 비난받을 일은 아니다. 어떻게 보면 대중매체가 해야 할 역할이기 때문이다. 하지만 사건의 본질을 흐리는 신상 공개는 주의해야 한다. 특히 권력자나 저명한 인사가 아닌 아주 평범한 사람의 실명과 사진을 인터넷상에 공개해서 고발하는 경우 피해가 더 크다.

예전에 철도를 자주 이용하던 소년 두 명이 역 빌딩의 10층에서 수백 장의 사진을 흩뿌린 일이 있었다. 그들이 뿌린 사진에는 한 남성이 찍혀 있었다. 소년들은 역에서 항상 새치기하는 사람이 있어서 본때를 보여주려 그리했다고 말했다. 흩뿌려진 사진은 순식간에 인터넷상에 퍼졌고, 소년들의 경솔한 행동을 비판하는 목소리도 많았다.

그런데 문제는 그 후 이야기가 이상한 쪽으로 흘러간 것이다. 새치기에 대한 비판이 아니라 그들이 공개한 사진 속 인물을 보고 확실히 매너가 없어 보이는 얼굴이라며 외모를 평가하는 글이 올라왔기 때문이다. 피해자로 추정되는 남자는 "내 사진이 오사카 역에 흩뿌려졌다. 죽고 싶은 마음뿐이다.

도와줘." "철도를 그만 타야겠다. 정말 괴롭다."라는 글을 올렸다.[6]

이 사건은 새치기하는 사람을 비판할 목적으로 벌어졌지만, 신상 공개로 인해 얼굴 평가 등 문제 행동과 관련 없는 불필요한 인권침해까지 받았다.

이 사건뿐만이 아니다. 요즘은 물건을 훔친 사람이나 음주한 미성년자의 사진을 인터넷에 올려서 공개적으로 망신을 주는 일도 흔하다. 인터넷 문제에 해박한 고베대학 대학원의 모리이 마사카츠森井昌克 교수는 사람들의 그런 행위를 보고 "비뚤어진 정의감을 바탕으로 나쁜 일을 한 사람에게 제재를 가하려고 하는 것."이라고 지적했다.

인터넷에 한번 공개가 되면 그것을 본 사람들이 눈 깜짝할 새에 신상을 털어 인터넷상에서 험담을 한다. 때로는 학교에 통보하거나 집 전화번호까지 알아내 전화를 걸어 비난한다. 공격 대상을 궁지에 몰아넣는 것이다. 공개된 사람을 야유하는 일도 다반사다. 모리이 교수는 이를 보고 "비난하는 당사

---

6 〈산케이디지털 IZA〉, 2014년 10월 16일.

자는 정의라고 생각해서 분위기에 편승하는 것이다. 죄의식은 거의 느끼지 않는다."라고 했다.

학생이 왕따를 당해 자살하는 사건이 발생했을 때도 마찬가지다. 가해 학생의 이름이나 사진이 인터넷상에 공개되거나 그 부모의 이름이나 근무지가 공개되는 경우가 있다. 이때 심하면 가해자가 아닌 사람이 가해자로 둔갑해 실명과 사진이 공개되는 사태도 벌어진다. 아주 심각한 인권침해다.

그런데 정작 신상을 공개하고 비난하는 사람들은 그런 부분을 의식하지 못한다. 자신이 피해자를 대변해 가해자를 꾸짖는, 옳은 일을 한다고 믿어서다. 어떻게 보면 정의감에 도취됐다고 볼 수 있다.

물론 인터넷 공간에서 비난의 글을 게시하는 사람들에게도 자기주장의 근거가 있다. 피해자는 인권을 보호받기는커녕 무자비하게 죽음에 내몰렸다. 그런데 어째서 미성년자라는 이유만으로 가해자의 인권을 지켜주어야 하는가? 불공평한 일이다. 바로 이것이 그들의 논리다.

그들이 왕따 피해 학생의 자살 사건에 참담함을 느끼고 분노한 까닭은 어느 정도 이해할 수 있다. 하지만 그렇다고 가해자의 실명과 사진을 공개한 것이 정당할까? 그들은 피해자의 인권이 보호받지 못해 대신 분노했다고 하면서 정작 가해자의 인권은 생각하지 않는다.

일본의 비즈니스와 미디어를 전문적으로 다루는 매체인 〈J-CAST〉 뉴스가 한 가지 설문 조사를 실시했다. '범죄자에 대한 인터넷상의 집단 공격'에 대해 어떻게 생각하느냐는 것이 질문이었다.

이 질문에 대해 "경우에 따라 다르지만, 범죄 행위를 저질렀으니 어쩔 수 없다고 생각한다."라는 대답이 41.9%로 가장 많았고, "범죄를 억제하는 기능도 있을 것 같아서 지지한다."라는 대답이 19%였다. "그저 무분별한 집단 폭력으로만 보이며 해서는 안 된다."라는 대답은 35.7%로 3분의 1 수준에 그쳤다. 이 조사 결과에 따르면, 인터넷상의 집단 공격에 긍정적인 사람이 60%나 되며, 과반수가 그러한 공격을 할 수 있다고 보는 것이다.

상대의 아픔이 전해지지 않아
잔혹하게 정의를 주장한다

이런 동향은 인터넷의 발달이 큰 영향을 끼쳤다. 직접 만나는 상황과 달리 온라인이란 공간은 현장감이 없고, 상대를 배려해야 한다는 심리적 압박도 약하기 때문이다. 상대가 곤란해하는 상황이나 그가 느낄 마음의 아픔이 전해지지 않으므로 상대의 입장과 기분을 배려하지 않게 된다. 그러다 보니 자신의 일방적인 판단, 즉 자기 나름의 정의를 내세워 상대를 쉽게 공격한다.

실제로 인터넷에 올라온 글 중에는 공격적인 비판이나 추상적인 글이 많다고 한다. 인터넷상에서 주고받는 대화를 보면 상대의 반론을 허용하지 않는 분위기가 조성되어 있다. 그런 분위기에 감염된 것인지, 평소에는 공격적인 말을 내뱉는 일이 없는 사람도 트위터나 온라인 게임을 하면 심한 욕을 퍼붓거나 강경하고 공격적인 발언을 하기도 한다. 그런 모습을 보고 놀랐다는 이야기도 자주 듣는다.

경제학자인 야마구치 신이치山口真一가 이런 심리 상태를 검중하는 조사를 실시했다. 이에 따르면 사람들이 온라인상에서 대화를 하며 다음과 같이 느끼고 있음을 알 수 있다.[7]

- 온라인상에서 무례한 말을 들어서 기분 상한 적이 있다. 28%
- 온라인에는 현실보다 남을 헐뜯거나 공격적인 사람이 많다. 72%
- 온라인 공간은 무서운 곳이다. 70%
- 온라인상에서 글을 쓰려면 남이 나를 헐뜯고 비방하는 말을 들어도 버틸 수 있는 강인한 마음이 필요하다. 63%
- 온라인에서는 남의 시선을 신경 쓰지 않고, 하고 싶은 말을 할 수 있어서 좋다. 43%
- 온라인상에서는 강한 어조로 서로 비난해도 상관없다. 13%

이 조사 결과를 보면 "온라인상에서 무례한 말을 들어서 기분 상한 적이 있다."라고 대답한 사람의 비율이 28%다. 생각보다 수치가 낮은데, 그 이유는 설문 조사한 약 2만여 명의

---

7 다마대학 정보사회학 연구소, 설문 회사 마이보이스컴이 협동으로 실시한 인터넷 모니터 1만 9,992명을 대상으로 한 조사.-다나카 다쓰오, 야마구치 신이치 저, 《인터넷 비방의 연구(ネット炎上の研究)》, 게이소쇼보, 2016년 4월.

대상 중 온라인상에서 글을 자주 쓰는 사람과 그렇지 않은 사람이 섞여 있기 때문이다. 아마도 온라인상에서 자주 글을 쓰지 않는 사람이라면 그런 일을 겪은 적이 별로 없다고 답했을 것이다. 그런데 이 조사 대상을 인터넷에 자주 글을 쓰는 사람으로 한정하면 어떨까. 비율이 60%로 급상승한다.

"온라인에는 현실보다 남을 헐뜯거나 공격적인 사람이 많다."라는 항목에서도 온라인상에 전혀 글을 쓰지 않는 사람은 68.7%가 그렇다고 답했지만, 자주 글을 쓰는 사람은 83.7%가 그렇다고 답했다. 특히 인터넷 이용 시간이 길수록 이렇게 생각하는 사람이 많았다. 이용 시간이 1시간 미만인 사람들은 63%였는데, 5시간 이상 이용하는 사람들은 83.4%가 그렇다고 대답했다.

"온라인에는 현실보다 남을 헐뜯거나 공격적인 사람이 많다." "온라인 공간은 무서운 곳이다." "온라인상에 글을 쓰려면 남이 나를 헐뜯고 비방하는 말을 들어도 버틸 수 있는 강인한 마음이 필요하다." 등 이 항목들을 살펴보면 모두 과반수가 그렇다고 답했다는 공통점이 있다. 이 결과만 봐도 온라인이란 공간이 사람들의 공격성을 부추긴다는 주장이 단지 억측만은 아니라는 점을 알 수 있다. 실제로 이용하는 사람들이 모두 느끼고 있는 현실이다.

만약 온라인이란 공간이 직접 대면하는 현실 공간과 동일했다면 이야기는 달라졌을 것이다. 직접 만나는 상황에서는 한 사람이 공격적인 말을 하면 상대가 상처받는 모습이나 화내는 모습, 곤혹스러워하는 모습, 슬퍼하는 모습이 표정과 목소리를 통해 그대로 전해진다. 또한 상대가 반박할 말이 있다면, 공격한 사람의 말을 되받아치거나 약점을 찌르기도 한다. 그래서 직접 만나 논쟁을 할 경우에는 서로를 의식하고 자연스럽게 상대를 배려할 수밖에 없게 된다. 일방적으로 공격하는 상황 자체가 만들어지기 어렵다.

그에 반해 온라인에서는 상대의 모습이 일절 보이지 않는다. 상대의 모습을 볼 수가 없으니 일방적으로 자기가 하고 싶은 말만 한다. 이 말에 대해 어떤 사람이 반응할 때도 대개 익명으로 발신하는 경우가 많기 때문에 공격한 사람을 직접 가리키는 게 아니라 인터넷 유저 전체를 향해 발신하는 형태가 된다. 게다가 모든 메시지는 대부분 문자 형태로 전달되다 보니 그 사람의 표정이나 목소리를 파악하기 어렵다.

온라인에서는 상대의 얼굴이
보이지 않는다. 당연히 그의 아픔도
전해지지 않는다. 그러다 보니
상대의 입장을 이해하기보다
자기주장만 공격적으로 하게 되는
것이다.

당연히 상대가 상처받았단 사실도 우리에게 전해지지 않는다. 이렇게 상대를 배려하지 않고 대화하는 방식이 보편화되다 보니 상대의 입장이나 아픔에 공감하지 못하게 되고 점점 잔혹하고 공격적인 형태로 자기주장만 하게 된다.

익명성이 일방적으로 정의를 주장하게 만든다

이렇게 공격적인 대화가 많아지는 것은 아무래도 온라인에서는 익명성이 보장되기 때문이다. 자신이 누구인지 알리지 않아도 되므로 안전한 장소에 몸을 숨기고 타인을 공격하는 것이다.

설령 자신의 시야가 좁아서 또는 정보가 부족해서 잘못 비판한 것을 알았다고 해도 사람들이 그다지 꺼려 하지 않는 것역시 이런 까닭 때문이다. 아무도 자신이 누구인지 모르므로 불편해지거나 책임을 추궁받을 일이 없다. 따라서 '아니면 말고'라는 식으로 대처하거나 자신이 내키는 대로 손쉽게 자기

주장을 할 수 있는 것이다.

온라인에서 공격을 받아 괴로웠던 경험이 있는 사람들은 이 온라인 공간에서의 익명성을 부정적으로 보는데, 재미있는 것은 무심결에 공격적인 글을 써서 타인에게 상처 입힌 적이 있는 사람들은 익명성이 보장되기 때문에 그렇게 행동했다는 것이다. 익명성이 공격적인 행동을 부추긴다는 것은 이런 사례나 경험을 통해 누구라도 쉽게 납득할 수 있다. 이뿐만 아니라 이를 증명한 심리학 실험도 있다.

자신이 누구인지 알려지지 않도록 하는 일을 심리학에서는 몰개성화deindividuation라고 한다. 미국의 심리학자이자 스탠퍼드대학교 명예교수인 필립 짐바르도Philip Zimbardo의 몰개성화 실험은 특히 유명하다.

실험은 학습자가 문제를 틀릴 때마다 실험 참가자가 학습자에게 전기 충격을 주는 방식으로 이루어졌다(그러나 전기 충격 버튼은 가짜로, 실제 실험할 때는 전기 충격을 주지 않았다). 그리고 실험 참가자의 절반에게는 익명성을 보장하기 위해 전신을 싹 덮는 실험복을 입게 했고, 얼굴도 감추게 했다(몰개성화 조건). 남은 절반에게는 자신이 누구인지 명백히 드러나도록 입던 옷을 그대로 입고 참가하게 했고, 명찰도 달았다(개성화 조건).

이렇게 몰개성화 집단과 개성화 집단으로 나누어 학습자에게 전기 충격을 주는 실험을 한 결과, 몰개성화 집단이 학습자에게 전기 충격을 준 횟수가 개성화 집단이 준 횟수보다 2배가량 높았다. 이를 통해 인간은 익명성이 보장된 상황에서 자신의 공격성을 감추거나 억제하지 못한다는 것이 명백히 밝혀졌다.

물론 이런 환경에 놓였을 때 충동을 이기지 못해 공격적으로 행동했어도 나중에 후회하는 사람들이 있다. 공격적으로 글을 써서 게시한 일이 후회되고, 그런 일을 한 자신이 혐오스럽다고 말한다. 이런 경우, 공격을 받은 사람도 상처가 남지만, 공격을 한 사람도 자기혐오 때문에 자존감이 떨어지게 된다. 결국 익명성으로 인해 발현된 공격적인 행위가 공격하는 쪽과 공격당하는 쪽 모두를 상처 입히는 셈이다.

왜곡된 정의감을 부채질하는 대중매체

앞서 온라인상에서는 무턱대고 자기주장을 펼치는 경향이 두드러진다고 했다. 그런데 이는 사람들이 대중매체의 영향을 받아서이기도 하다. 신문이나 뉴스 등 대중매체의 보도를 보다 보면 일방적인 시점에서 보도하는 것은 아닌지, 사람들의 시야를 가리고 왜곡된 정의를 주장하도록 조장하는 것은 아닌지 의심스러울 때가 종종 있다.

가령 어느 고등학교 교사의 체벌에 관한 보도를 보고 그런 인상을 받은 적이 있다. 한 고등학교 교사가 현장학습 집합 시간에 늦은 학생 96명을 도청 앞에서 무릎 꿇린 일이었다.

그 교사는 "지각은 하면 안 되는 일이라고 아이들에게 지도하기 위해서였다."라고 설명했다. 그러나 아이들을 무릎 꿇린 것은 엄연히 학생 체벌에 해당하는 것이 아니냐며 논란이 불거졌고, 고등학교 측은 학부모 회의에서 사죄해야 했다. 교육위원회는 이 교사의 처분을 검토하고 있다고 밝혔다.[8]

물론 원론적으로 말하자면, 무릎 꿇린 것은 체벌에 해당한다. 하지만 이 보도에 누락된 것이 있다. 왜 96명의 학생이

지각했는가에 대해서는 아무 설명도 없었다는 것이다. 어째서 이런 사태는 문제로 지적하지 않았을까?

정확한 진상을 알지 못하므로 보도된 범위 내에서 고찰하는 수밖에 없지만, 상식적으로 그렇게 많은 학생이 지각한 이유를 지적하지 않은 것은 이상하다. 지각한 학생들의 무릎을 꿇린 교사만 지적받고, 부모들에게 사죄하고, 처분까지 받은 것이 정당한가? 이렇게 해결하면 학생들의 규범의식은 점차 엷어지지 않을까.

이런 식으로 학교의 교육 방침이 무시된 채 비판만 받는다면, 교사들은 앞으로 어떤 태도로 학생들을 가르쳐야 할까? 이런 일방적인 보도가 자칫 학생들에게 의무를 다하지 않아도 권리를 행사할 수 있다는 그릇된 가르침을 주게 되지 않을까? 문득 이런 의문들이 생긴다. 게다가 이런 식의 보도는 사건 전체의 앞뒤 맥락을 모르는 상태에서 한쪽의 시점만 편집

---

8 2015년 7월 11일자 〈산케이 뉴스〉 보도 내용. 일본은 1947년 제정된 학교 교육법에 따라 다음과 같이 학생 체벌을 금지하고 있다. "교장 및 교원은 교육상 필요하다고 인정될 때 문부 과학 대신이 결정하는 바에 따라 아동 및 학생에게 징계를 내릴 수 있다. 다만, 체벌할 수는 없다." 그러나 이 징계와 체벌에 대해 어디까지 허용할 것인지 논란이 많다.

해 보여주기 때문에 일방적으로 자신의 정의만을 주장하는 자세를 부추긴다.

이런 보도에 위화감을 느끼면서 감정 반응을 부채질하는 보도 방식에도 문제가 있다고 본다. 뉴스를 보면 대중이 감정적으로 반응하도록 유도하는 보도들이 적잖이 보인다.

뉴스 캐스터나 게스트로 나온 탤런트가 자신의 주관적인 인상을 말하거나 때로는 감정을 드러내어 의견을 밝힐 때가 있다. 문제는 사건에 대한 표면적인 인상만 갖고서 지극히 개인적이고 미숙한 의견을 얘기한다는 것이다. 인기를 노리고 극단적인 폭언을 내뱉는 일도 종종 볼 수 있다.

시청자가 매사를 냉철하고 이지적으로 판단하고, 다루고 있는 주제에 대한 충분한 지식이 있다면 사실 상관없다. 하지만 일반 시청자가 그러하기란 쉽지 않다. 객관적으로 판단할 정보가 적은 상태에서 누군가의 시선에 따라 감정적으로 자극받으면 사건을 극단적으로 바라보게 될 위험이 있다. 그렇게 해서 비뚤어진 정의감을 앞세우게 되는 것이다.

자기 내면의 추악한 감정이나 위험한 충동이 겉으로 나오지 않도록 억제하고 제어해야 하는데 자극적인 매스컴 보도로 그런 감정이 표출되면서 심각한 부작용을 낳는다.

예전 뉴스를 보면 지금보다 좀 더 담담히 사실만을 보도했던 것 같다. 무엇이 진실인지 따지는 근본적인 논의는 일단 뒤로 미뤄두고 팩트를 전달하려고 노력했다. 시청자의 감정이 아니라 이성에 호소하려고 했고, 적어도 지금처럼 시청자의 감정을 부추기려는 의도는 느껴지지 않았다.

그러나 지금은 많은 뉴스가 시청자의 감정을 자극하고 있다. 감정이나 어떤 극단적인 반응을 부채질하는 요즘의 보도 방식은 시청자로 하여금 매사를 냉정하게 판단하는 습관을 앗아가고, 무턱대고 감정적으로 반응하게끔 유도한다.

전철 안에 내걸린 주간지 광고는 텔레비전보다 한술 더 떠 극단적으로 감정을 자극하는 매체다. 필사적으로 사람들의 질투심을 유발하고, 욕구불만이 있는 사람들의 공격적인 충동에 불을 지피는 보도가 눈에 띈다.

생각한 대로 되지 않는 일상에 염증을 느끼고 스트레스를 쌓아두는 대중에게 분풀이할 자리를 마련해주는 기능도 있을 것이다. 또 감정을 자극해서 충동구매를 유도하려는 영업 의도 또한 짐작해볼 수 있다. 그러나 이런 대중매체의 태도로 인해 일방적으로 정의를 주장하는 마음이 만들어진다는 우려가 생기는 것도 어쩔 수 없는 일이다.

왜
그렇게까지

자신의 정의를
믿는가?

일방적으로 자기 이치만 주장하는 사람들

1장에서는 사람마다 처한 입장에 따라 매사를 보는 구도가 달라지므로 올바르다고 판단하는 이치의 기준 또한 달라진다는 것을 사례를 들어 설명했다. 사실 입장에 따른 관점 차이는 누구나 알 수 있다. 자신만의 사고방식이 있듯 다른 사람에게도 그 나름대로 추구하는 이치가 있다는 사실을 짐작할 수 있기 때문이다.

그럼에도 자신의 생각이 무조건 옳다고 자신만만하게 주장하고 다른 사람의 의견을 무시하는 사람이 있다. 어째서 그렇게까지 자신의 정의를 맹신할 수 있을까? 그 까닭은 무엇일까?

그런 사람들을 관찰해보면 공통의 심리적 특징이 있음을 알 수 있다. 2장에서는 바로 정의를 밀어붙이는 사람에게 나타나는 심리적 특징에 대해 살펴보고자 한다.

일방적으로 자기주장을 하는 사람이 앞에 있으면 그 주장에 압도되어 설득당하는 사람이 있는 반면, "왜 그렇게 자신만만한 거야? 정말 우습네."라며 고개를 가로젓는 사람도 있을 것이다. 설득을 당하든 무시를 하든 어떤 사람이라도 정의를 밀어붙이는 사람이 지닌 특징을 알아두면 어떻게 대처해야 하는지 도움이 될 것이다.

다른 관점에서 이치를 상상하지 못한다

자기만의 정의를 밀어붙이는 사람은 '절대'라는 표현을 버릇처럼 쓴다. "그건 절대 달라." "그건 절대 이상해." "내가 말하는 건 절대로 옳아."라는 식이다. 무조건 어떤 말을 할 때마다 '절대'라는 말을 붙인다.

어째서 그러는 것일까? 그것은 자신의 관점에 집착한 나머지 다른 이의 관점을 헤아리지 못하기 때문이다. 가령 자신과 다른 의견을 듣고 나서 '그런 관점도 있을 수 있지.'라고 생각하는 사람과 '그런 식으로 생각하는 건 정말 이상해.'라고 생각하는 사람이 있다.

전자의 경우 '상대의 관점에서는 그렇게 보이는구나.' '그런 관점으로도 볼 수 있구나.'라고 상상력을 발휘할 수 있는 사람이다. 반면에 후자의 경우 자신의 관점에서 빠져나오지 못하기 때문에 상대의 관점에서는 어떻게 보이는지 상상하지 못한다.

보통 사람은 성장하면서 타인의 관점을 이해하게 된다. 그래서 타인의 관점에서 어떻게 보일지 상상할 줄 아는가, 모르는가가 성장 발달 과정에서 매우 중요하다. 만일 타인의 관점을 제대로 이해하지 못하면 매사를 자신의 관점으로만 보게 되어 굉장히 자기중심적인 사람이 된다.

예를 들어 자신이 상대를 염려하는 마음으로 한 말에 상대가 불쾌함을 드러냈다고 하자. 타인의 관점에서 그의 심정을 헤아리는 사람은 이렇게 생각한다.

'바빠서 마음에 여유가 없는 건가?'
'빈정거린다고 착각했나 보군.'
'무심결에 콤플렉스를 자극했을지도 몰라.'

그러면서 상대의 반응을 대수롭지 않게 여기며 넘어간다.

그런데 타인의 관점을 헤아리지 못하는 사람이라면 어떨까? 자신의 관점에서 빠져나오지 못하기 때문에 이렇게 생각한다.

'기껏 생각해서 해준 말인데 반응이 왜 저래?'
'저렇게 불편해하는 의도가 뭐야? 정말 미움에 안 들어.'
'뭐 하는 사람이지? 저런 인간하고는 다시 엮이고 싶지 않아.'

상대처럼 화만 낼 뿐 그의 사정을 고려하려고 하지 않는다. 즉, 자기만의 정의를 밀어붙이는 사람은 자기 관점만을 고수할 뿐 타인의 관점을 헤아리지 못한다.

공감력이 떨어지는 사람들

공감하는 능력이 높으면 타인을 쉽게 비난하려 들지 않는다. 가령 상대의 언행이 마음에 들지 않아도 그 사람의 생각과 방식을 단칼에 잘라내려 하지는 않는다. '그건 좀 이상한데.' '납득할 수 없어.' '왜 저럴까?' '왜 또 저런 일을 하는 거지?' 하면서 순간적으로 이해가 되질 않아서 비판하고 싶어질 수 있으나, 곧 분명히 그에게도 어떤 사정이 있을 것이라고 생각한다. 상대에게 나와 다른 입장과 관점이 있다고 믿기 때문이다. 그러나 자신의 관점에 집착하는 사람은 공감력이 부족하다.

도쿄대 명예교수를 지낸 정신과 의사 도이 다케오土居健郎도 자신의 관점에 집착할수록 공감력이 부족해진다고 했다. 그는 자신의 저서인 《아마에의 구조甘えの構造》에서 미국에 연수를 받으러 갔을 때 미국 정신과 의사와 있었던 에피소드를 풀어 놓으며 그가 관찰한 미국 정신과 의사의 무딘 공감성에 놀랐다고 한다.

"나는 그동안 미국의 정신과 의사가 실제로 환자를 어떻게 대하는지 새삼 관찰할 기회를 얻었다. (중략) 그 결과 내가 본 미국의 정신과 의사는 대체로 환자가 어찌할 바를 모르고 괴로워하고 있는데도 무서울 정도로 둔감했다. 그들은 환자가 자신에게 의지하고 싶어 하는 숨은 감정을 쉽게 감지하지 못한다.

일반인이라면 몰라도 정신과 감정을 전문으로 하는, 게다가 정신 분석 교육을 받은 정신과 의사가 환자의 의지하고 싶은 마음, 가장 깊은 내면에서 애정을 갈구하는 마음을 감지하지 못한다니. 나는 그 사실이 놀라웠다. 또한 문화적 조건 부여가 얼마나 강고한 것인지도 다시금 깨달았다."

나는 이를 보면서 일본은 타인과의 관계를 좀 더 중시하고 서양은 개인을 좀 더 중시하는 문화가 영향을 미친 것은 아닌지 생각했다. 개인주의가 강하고, 자기중심적으로 살다 보면 당연히 타인의 기분에 공감하는 마음이 둔해진다.

반면 타인과의 관계를 중요하게 생각하는 문화권에서는 늘 상대의 입장과 기분을 헤아려야 하기 때문에 때때로 자신의 태도를 조절할 수 있어야 한다. 그러면 자연스레 타인의 기분에 공감하는 능력을 갈고닦게 된다.

심한 억측에 빠져 있다

자기만의 정의를 밀어붙이는 사람은 무슨 말을 해도 들으려고 하지 않아서 가까이하기 어려울 때가 있다. 특히 자신의 관점만 옳고 "그건 이상해."라며 다른 사람의 생각을 부정하는 유형은 더 그렇다. 그들은 타인의 관점을 이해하려고 하지 않는다. 이런 단순한 논리는 심한 억측으로 번지기도 한다. 가령 상대는 아무런 악의가 없는데, 단지 자신이 기대한 반응을 해주지 않았다고 해서 반발심을 느낀다. 그리고 "이런 사람인 줄 몰랐어. 사람을 잘못 봤네."라며 부정적으로 평가한다.

또 상대가 자신의 제안을 찬성해줄 것으로 생각했는데, 그가 만일 자신의 제안에 대해 안이한 부분이 있다고 지적하면 괜한 트집을 잡는다고 생각하며 화를 낸다. 상대는 그 제안이 좀 더 명확해지도록 나름대로 신중하게 생각해서 조언해줬는데도 그 자신은 오히려 배신당했다고 느낀다.

또 다른 예로, 두 사람이 함께 알고 지낸 지인에게 쌓인 불만을 이야기하다가 상대가 그 지인을 옹호하면 그에게 발끈한다. "너는 내 친구라고 생각했는데 어느 편이야?"라고 되묻는다. 상대는 그저 중립의 입장을 지키며 그들 사이에 놓인 갈등을 풀어주려고 한 것뿐인데, 일방적으로 정의를 밀어붙이는 사람은 상대가 자신을 배신했다고 생각한다.

"내가 하는 말이 옳고, 넌 틀렸어!"
"어떻게 내 의견에 반대할 수 있어?"
"넌 내 친구 아니었어? 이 배신자!"

자기주장만 밀어붙이는 사람은
상대의 말을 들으려고 하지 않는다.
그러면서 편을 들어주지 않으면
헐뜯고 비난한다.

그들은 왜 이렇게 억측이 심할까? 그 이유는 상대에게도 어떤 생각이나 주장이 있다고 생각하지 못하기 때문이다. 또한 상대의 의향을 헤아리려는 마음 자체가 없다. 오직 자신의 관점만 옳다고 주장한다.

만약 그들이 자신이 미처 깨닫지 못한 어떤 관점이나 상상하지 못한 사정이 있을지도 모른다고 생각했다면, 그리하여 자신의 관점을 의심해보는 자세를 취했다면 아마 타인을 맹목적으로 비난하거나 억측에 빠지지는 않았을 것이다. 그러나 심한 억측에 빠진 사람은 자신의 관점을 의심하는 일이 없으므로 기대가 빗나가면 공격적으로 변한다. 그리고 자신의 정의를 밀어붙인다.

깊이 생각하지 않아서 더 자신만만하다

자기주장만 하는 사람을 보면 '어째서 저렇게까지 자신이 옳다고 확신할 수 있을까?' 하는 의문스러운 마음이 든다. 그들은 어째서 그렇게까지 자신만만한 것일까? 그것은 그들이 별로 깊게 생각하지 않기 때문이다.

안일하고 태평한 사람은 매사를 정성 들여 검토하려는 자세가 부족하다. 그래서 경험만으로 생각하고 판단하려 든다. 곰곰이 생각하고 판단하기보다 노력을 덜하고 대충 처리하려고 한다. 뭔가를 결정할 때 '저 회사도 채택하고 있으니까 이게 좋을 거야.' '저 백화점에서도 취급하니까 신뢰할 수 있어.' '비싼 게 성능이 좋지.'라는 식이다.

반면 신중하고 불안함을 자주 느끼는 사람은 마음에 걸리는 일이 많기 때문에 경험만으로 안이하게 판단하려 하지 않는다. 체계적으로 정보를 처리하려고 하고 여러 관점에서 꼼꼼하게 검토해야만 마음이 놓인다. 열심히 정보를 수집하고 정성 들여 검토한다고 해서 쉽게 자만하지도 않는다. 어떤 일이라도 깊게 파고들면 모르는 부분이 생기기 마련이고 그럴수록 불안해지기 때문이다. 그래서 일을 잘하는 사람 중에는 불안함을 더 잘 느끼는 사람들이 많다.

예를 들어 경쟁 프레젠테이션을 준비한다고 했을 때, 이런 사람들은 경쟁 회사가 어떤 전략을 가지고 나올지, 어떤 질문을 할지 여러 가지 생각을 한다. 그러면서 불안이 증폭된다.

'경쟁 회사가 더 매력적인 제안을 하면 어쩌지?' '강렬한 프레젠테이션을 하면 어쩌지?' 하며 경쟁 회사의 동향이 신경 쓰여서 안절부절못한다. 또 클라이언트가 어떤 요인을 가장 중시하는지, 그 자리에서 어떤 질문이 나올지, 대답하지 못하면 얼마나 치명상을 입을지, 실전에서 어떤 대화를 할지 등이 신경 쓰여서 불안해한다.

이들은 새로운 정보(제품)가 나올 수 있고, 자신이 아직 모르는 정보(제품)가 있을지도 모른다고 생각해서 최대한 끝까지 조사한다. 그러다 보니 준비가 부족해서 실패할 확률이 낮아지고, 대부분의 질문에도 무난히 대답하게 된다. 나올 만한 질문을 예상해서 제안 내용을 준비하기 때문에 완성도 높은 프레젠테이션을 할 수 있다.

이처럼 불안함을 강하게 느끼는 유형의 사람들은 어떻게든 불안을 불식시키고 싶어 한다. 자연히 매사 치밀하게 생각하는 사고 습관이 생기게 되고 결과적으로 성공할 확률이 높다. 반대로 일을 잘하지 못하는 사람은 신중하지 못하며 깊게 사고하지 못한다. 적당한 지점에 이르면 '이걸로 됐다.'라고 생각하기 때문에 용의주도하게 준비하지 못한다. 자연스럽게 업무 능력도 떨어진다.

흔히 일을 잘하는 사람은 불안해하지 않을 것 같지만, 꼭 그렇지도 않다. 깊이 생각하면 불안하지 않을 것 같지만, 깊이 생각하기 때문에 불안해진다. 이런 논리로 따진다면 자기주장만 하는 사람은 매사를 심사숙고하지 않기에 자신만만하다고 볼 수 있다.

인지 복잡성이 부족하다

정의를 밀어붙이는 사람은 인지 복잡성cognitive complexity이 낮다. 인지 복잡성이란 매사를 다각적인 관점에서 보는 것을 말한다. 인지 복잡성이 높은 사람은 매사를 여러 측면에서 보기 때문에 다양한 사람의 사고방식에 공감한다.

그러나 인지 복잡성이 낮은 사람은 그렇지 못하므로 자신과 다른 사고방식을 용납하지 못한다. 다른 사람의 의견을 이해하지 못할뿐더러 그들은 하나의 사건을 다양한 관점으로 볼 수 있다는 것 또한 인정하지 못한다. 그래서 자기주장만 밀어붙이고 자신과 의견이 다른 사람을 비난하거나 공격하는 것이다.

이들은 다른 사고방식을 지닌 사람과 제대로 타협하지 못하기 때문에 사소한 일로도 쉽게 대립한다. 수험 공부를 예로 들어보자. 어떤 사람은 수험 공부에 시간과 에너지를 소비하는 것이 의미가 없다고 주장한다. 수학을 공부한들 방정식이나 미분 적분을 실생활에서 사용하는 일은 거의 없다. 국사나 세계사 지식이 없어도 일하는 데 전혀 지장이 없다. 이것이 그들이 주장하는 논리의 근거다. 그러므로 수험 공부를 하지 않아도 대학에 갈 수 있도록 추천 입학을 점차 늘려야 한다고 소리를 높인다.

반면에 수험 공부에 시간과 에너지를 소비하는 일이 의미 있다고 주장하는 사람도 있다. 수험 공부를 통해 인내심이 생기고, 실생활에 직접적인 도움이 되지 않는 지식이라도 교양을 쌓을 수 있다는 것이다. 그래서 이들은 수험 공부를 배제하는 것은 좋지 않다고 말한다.

인지 복잡성이 높은 사람이 두 의견을 들었다면 어떻게 반응했을까? 전자의 의견을 접하고 "맞아. 그렇지."라고 동의했어도 후자의 의견을 듣고 나면 "그런 관점도 분명 가능하지."라며 이해했을 것이다. 사고방식이 서로 대립하더라도 양쪽 모두 납득할 만한 이치가 있다고 생각하기 때문이다.

그런데 인지 복잡성이 낮은 사람이라면 어떨까. 전자의 의견을 접하고 "맞아. 그렇지."라고 동의했다면 후자의 의견을 들으려고도 하지 않는다. 한번 어떤 생각을 받아들이면 그와 대립하는 의견에는 마음을 닫아버리기 때문이다. 이들은 자신의 생각과 다른 정보를 머릿속에서 제대로 소화하지 못한다. 그런 정보를 눈앞에 두면 안절부절못한다.

설득을 다루는 심리학에서도 인지 복잡성이 높은 사람을 설득하는 경우와 낮은 사람을 설득하는 경우, 적용하는 설득법이 다르다고 설명한다. 가령 인지 복잡성이 높은 사람에게는 양면적 설득법이 효과적이며, 인지 복잡성이 낮은 사람에게는 일면적 설득법이 효과적이라고 한다. 쉽게 설명하면 이점만이 아니라 원가가 좀 높다거나 습득하는 데에 시간이 걸린다는 단점도 함께 설명하는 것이 양면적 설득법이다. 반면에 어떤 상품을 팔거나 제안을 할 때 그 이점만을 설명하는 것이 일면적 설득법이다.

인지 복잡성이 높은 사람에게는 판매하려는 상품이나 제안의 이점만을 설명하면 오히려 의심을 받을지도 모른다. '좋은 면만 말하는 게 어쩐지 수상쩍어.'라고 생각하기 쉽다. 그들은 항상 매사를 여러 관점에서 보는 습관이 있기 때문에, 어떤 상품이나 제안에는 이점뿐 아니라 단점도 있으며, 이점만 있는 선택지는 없다는 것을 알고 있다. 그러므로 인지 복잡성이 높은 사람에게는 이점만이 아니라 단점도 설명하되, 종합적인 관점으로 보면 이점이 크다는 식으로 설득하는 양면적 설득법이 훨씬 더 효과적이다.

그러나 인지 복잡성이 낮은 사람에게 이런 설명을 하면 어떨까? '이점 말고 단점도 있다고 하니까 판단할 수가 없어.' '도입하는 게 좋은지, 도입해도 별로 의미가 없는지, 한쪽을 확실히 해줬으면 좋겠어.' 오히려 갈팡질팡하며 고민만 할 것이다. 서로 다른 정보가 머릿속에 뒤섞여서 인지적인 처리가 제대로 되지 않는 것이다. 따라서 인지 복잡성이 낮은 사람에게는 복잡하게 설명하는 것보다 이점만 간결하고 명확하게 설명하는 일면적 설득법이 더 효과적이다.

가치관의 차이를 인정하지 않는다

가장 타당한 판단을 내리려면, 여러 관점에서 의견을 제시하고 함께 의논할 수 있어야 한다. 그러나 누군가 자기 의견에 의문을 제기하면 감정적으로 반발하는 사람이 있다. 질문을 받거나 자신과 다른 의견이 나오면 상대가 자신을 트집 잡는다고 생각하기 때문이다. 그래서 울컥한 표정으로 반론을 제기한다. 상대와 냉정하게 논의하지 못하는 것이다. 이런 사람들은 앞서 설명한 것처럼 인지 복잡성이 낮기 때문에 그렇다. 상대의 주장을 이해하지 못할뿐더러 자신의 의견과 무엇이 같고, 무엇이 다른지 정리해서 통합하지 못한다.

물론 논쟁이 벌어졌을 때, 그 이면에 타협하기 어려운 가치관의 차이가 분명히 존재하는 경우도 있다. 예를 들어 기업에서 이윤 추구를 위해 어떤 전략을 수립해야 할 때 이런 식으로 의견 대립이 일어날 수 있다. 하나는 비용 절감을 위해 어쩔 수 없이 거래처 일부를 정리해야 한다는 의견과 또 다른 하나는 거래처와의 신뢰 관계가 소중하니 원가 삭감이나 신제품 개발 등으로 문제를 극복하자는 의견이다.

서로 다른 의견을 낸 양측은 각자 자신의 입장에 따라 의견을 뒷받침할 만한 이치를 내세울 것이다. 이때 만약 양측이 모두 인지 복잡성이 낮다면 어떻게 될까? 이런 경우 자기 의견만 옳고 다른 생각이 있을 수 있다는 여지를 전혀 두지 않기 때문에 자기주장만 밀어붙이고 상대를 공격하려 할 것이다.

전자의 의견을 내세우는 사람은 아마 이런 식으로 공격을 가할지 모른다. "거래처와의 신뢰 관계가 중요하다고 하지만, 우리가 망해도 상관없다는 건가?" "영리기업이니까 이익으로 이어지지 않는 거래처는 정리하는 게 마땅하다. 정으로 신세를 망칠 작정인가?"

후자의 의견을 내세우는 사람 역시 이런 극단적인 말로 받아칠 것이다. "그렇게 행동하면 다른 거래처에 외면당해서 조만간 문제가 발생할 것이다." "이윤 추구를 위해서는 누구든 배신해도 좋다고 말하는 건가?"

만약 인지 복잡성이 높은 사람이었다면 "그렇게 생각하는 사람도 있겠지." "분명히 그런 사람도 있을 것이다."라고 냉정하게 반응했을 것이다. 하지만 인지 복잡성이 낮으면 "그런 사람이 있다니 믿을 수 없어." "그런 사람은 용납할 수 없어."

라며 감정적이고 공격적으로 대처한다. 대립하는 가치관과 타협하는 것이 불가능하기 때문이다.

메이저리그에서 활약하는 야구 선수 다르빗슈 유Yu Darvish 의 전처인 탤런트 도큐 사에코道休冴子가 구마모토 지진 피해 지역에 기부한 적이 있다. 그런데 오히려 그 일로 사람들의 거센 비난을 받았다. 왜냐하면 사에코가 피해 지역에 500만 엔을 기부한 사실을 블로그에 공개했기 때문이다. 사람들은 이를 보고 "위선이다." "돈으로 인기를 얻으려고 한다."라며 비난을 퍼부었다.

사실 사에코는 블로그에 기부했다는 사실뿐 아니라 금액이 나온 송금 서류까지 사진을 찍어 올렸다. 기부한다는 사실을 지나치게 의식하는 듯 보였다. 그래서 금액까지 증거로 공개하는 것이 부자연스럽다는 사실을 자각하지 못한 것 같다. 그렇게 본다면 사람들이 그녀를 비난하는 까닭도 이해는 간다. 그녀의 행동에는 위선적이라거나 돈으로 인기를 끌려고 한다는 비난을 받을 만한 오해의 소지가 있기 때문이다.

그러나 한편으로 우리가 모두 가치관이 다른 사람이라고 생각하면 그냥 지나칠 수도 있는 문제다. 가령 '이런 사람도 있구나. 보기 흉하네.' '저렇게 생각이 짧다니. 그래도 뭐 유명세가 중요한 사람이니까 그럴 수도 있지.'라는 식으로 생각만 하고 마는 것이다.

위선이든 돈으로 인기를 사려고 했든 어쨌든 기부를 통해 피해 지역 사람들에게 도움을 준 것은 분명하다. 500만 엔을 기부했고, 그 의도가 어떻든 피해자가 도움을 받은 것은 사실이다. 이때 기부한 사람의 인격은 크게 중요한 문제가 아니다. 그런데도 이 사람의 행동을 비난하는 것은, 자신의 가치관과 다르다는 것을 받아들이지 못해서가 아닐까. 아무리 생각해도 용납할 수 없고 화가 치밀어 올라서 거센 공격에 가담하고 마는 것일지도 모른다.

감정 제어가 제대로 되지 않는다

자기만의 정의를 밀어붙이는 사람은 냉정함이 부족하다. 자신의 생각이 절대적으로 옳다고 확신하는 것도 문제이지만, 더 큰 문제는 의견이 다른 경우 굉장히 감정적으로 대응한다는 것이다. 자신과 의견이 다르다고 욱해서 상대를 공격할 필요는 없지 않은가.

여기에는 역시 인지의 문제가 얽혀 있다. 인지 행동 요법에서는 부적절한 감정은 인지 왜곡cognitive distortion 때문에 발생한다고 한다. 그래서 매사를 왜곡해서 받아들이는 방식(특히 부정적인 사건의 경우)을 바로잡아 부적절한 감정이 생기는 것을 막으려고 한다.

이는 감정을 제어하지 못하는 사람의 심리 구조를 이해하는 데 도움이 된다. 인지 왜곡에는 근거 없는 추론, 나와 관련짓기, 과잉 일반화, 당연하다는 사고 등이 포함된다. 그리고 이런 인지 왜곡이 부적절한 감정을 낳는다.

가령 상사가 호통을 쳤을 때(부정적인 일상의 사건)를 예로 들어보자. 이때 보통 사람은 '실수를 저질렀네. 다음부터는 조심해야지.'라고 냉정하게 받아들인다. 그러나 인지 왜곡을 하는 사람은 '그런 식으로 꾸지람을 하다니, 분명히 나를 미워하시는 거야(근거 없는 추론).'라고 생각한다. 그래서 쉽게 의욕이 사라질 뿐만 아니라 짜증을 내거나 울적해지는 등 부정적인 감정을 느낀다.

영업할 때 할당량을 달성하지 못한 경우(부정적인 일상의 사건)도 마찬가지다. 인지 왜곡을 하는 사람은 '이렇게 경기가 나쁜데 영업이 될 리가 없잖아(근거 없는 추론).'라고 생각하거나 '내게 영업은 맞지 않아(근거 없는 추론+과잉 일반화).'라고 생각한다. 그래서 금방 자포자기한다. 의욕이 없어지고, 쉽게 짜증을 내거나 침울해진다.

만약 이때 인지 왜곡을 하지 않는 사람들이 그러하듯이, 같은 상황이라도 할당량을 채우는 사람이 있다는 사실을 깨닫고 매출을 늘릴 수 있는 다른 영업 방식을 고민한다면 어떨까. 해결하고자 하는 의욕이 생기고, 짜증이 나거나 침울해지는 일도 없을 것이다.

인사 평가가 좋지 않을 때(부정적인 일상의 사건)는 어떨까. 인지 왜곡을 하는 사람은 '상사에게 미움받기 때문이다(근거 없는 추론).'라고 생각하기 쉽다. '어차피 열심히 해도 헛수고다.'라고 부정적인 감정이 솟아나 의욕이 없어진다. 이럴 때는 상사가 자신을 어떻게 생각하는지 알 수 없으므로 그것에 얽매이지 않는 것이 좋다. 그보다는 오히려 자신에게 부족한 점을 돌이켜보는 것이 낫다. 그러면 개선하고 향상해야 할 부분이 보인다. '좀 더 힘을 내야지.'라는 긍정적인 마음도 생길 것이다.

상사의 기분이 안 좋을 때도(부정적인 일상의 사건) 마찬가지다. '분명 내 일로 화내고 있을 거야(근거 없는 추론+나와 관련짓기).'라고 확신하면 '나는 항상 다른 사람을 짜증 나게 해.'라고 실수한 자신을 책망하거나 침울해지기 쉽다. 그럴 때 상사의 기분과 자신을 무턱대고 연관 짓지 않는 것이 현명하다. 그래야 담담히 업무에 집중할 수 있다.

업무에서 실수할 때마다(부정적인 일상의 사건) '나는 정말 무엇을 해도 안 돼(과잉 일반화).'라고 생각하면 '나는 이 일에 맞지 않아.'라고 비관하게 된다. 그러다 자기혐오에 빠져서 부정적인 감정이 솟아오른다. 이때 과잉 일반화를 하지 않으면 지나치게 감정적으로 생각하지 않게 되고, 조심해야 할 점을 되새기며 실수를 줄여나갈 수 있다.

영업 실적이 동료보다 뒤떨어지거나 거래처를 화나게 했을 때(부정적인 일상의 사건)는 어떨까. '나는 다른 사람보다 우수해야 해.' '실패해서는 안 돼(당연하다는 사고).'라는 생각이 먼저 떠오를 것이다. 그러면 '이래서는 안 돼.' '이래서는 내쳐질 거야.'라며 자신을 책망하게 되고 부정적인 감정이 엄습하기 쉽다. 이때 이런 생각에서 좀 자유로워지면 '좀 더 열심히 하면 돼.' '다음번에는 화나게 하지 않도록 조심하자.'라고 긍정적으로 생각하게 된다.

이처럼 자신도 모르는 사이에 습관처럼 몸에 밴 인지 왜곡 때문에 감정을 제어하지 못하게 되면, 무심코 공격적으로 변하거나 상대를 책망하는 등 부적절한 감정에 휩싸이기 쉽다.

믿었던 상대를 갑자기 공격하기 시작한다

정의를 밀어붙이는 사람들이 지닌 특징 중 또 다른 하나는 지금까지 옳다고 믿었던 사람을 갑자기 나쁘게 말하거나 친했던 친구를 차갑게 대하는 것이다. 물론 이 역시 인지 복잡성이 낮아서 그렇다고 볼 수 있다.

인지 복잡성이 높으면 누구에게나 자신과 맞는 면과 맞지 않는 면이 있다는 것을 당연하게 여기고, 설령 마음이 맞더라도 얼마든지 의견이 다를 수 있다는 것을 이해하게 된다.

'어차피 열심히 해도 헛수고야.'
'실패하면 안 되는데 너무 불안해.'
'나를 앞지르는 저 사람이 미워
죽겠어!' 이런 자기혐오에 빠져서
책망하고 있지는 않은가?
그럴 땐 '다음번에 잘하면 돼.'
하고 툭툭 털어버리면 그만이다.
부정적인 생각의 늪에만 빠져 있으면
자기주장만 밀어붙이는
위험한 사람이 되기 십상이다.

따라서 신뢰하던 사람의 사고방식이 자신과 달라도, 친한 친구가 자신과 의견이나 감수성이 달라도 그것을 그 사람의 개성으로 인정해준다.

　그런데 인지 복잡성이 낮으면 그렇게 인정하지 못한다. 가령 회의 시간에 동료가 자신의 의견에 찬성해주지 않으면 '같은 편이라고 생각했는데 배신당했다.'라고 생각한다. 친구가 자신의 취미를 함께해주지 않으면 "친한 사이라고 생각했는데 이런 사람인 줄 몰랐어."라고 헐뜯기도 한다.

　이는 자신의 의견 외에 다른 의견은 있을 수 없다는 식으로 단순하게 생각해서 그렇다. 그래서 자신의 의견에 동조해주지 않으면 뒤통수를 맞았다며 공격적으로 반응한다. 자신의 취미를 함께해주지 않으면 자신을 버렸다고 분노한다.

　이런 사람들은 상대가 동조해주지 않으면 자기 멋대로 "배신당했다." "사람을 잘못 봤다."라는 식으로 평가한다. 그저 그전까지 자신이 몰랐던 그 사람의 취미나 감성의 차이가 드러났을 뿐인데, "속았다." "이런 사람인 줄 몰랐다."라고 말한다. 좋은 관계를 유지하다가도 조금만 자기 생각대로 되지 않으면 상대를 180도 다르게 평가한다.

인지 복잡성이 낮은 사람은 상대가 좋은 사람인지 나쁜 사람인지, 자신과 맞는 사람인지 맞지 않는 사람인지, 아군인지 적인지 이분법적으로 나누려는 버릇이 있다. 그러므로 좋은 관계를 맺고 있더라도 상대가 자신의 기대에서 벗어난 반응을 보이면 얼마든지 평가를 뒤집고 나쁘게 평가한다. 그래서 좋은 사람이 나쁜 사람으로, 맞는 사람이 맞지 않는 사람으로, 아군이 적군으로 둔갑한다.

  이런 단순한 사고방식은 자신의 생각이 절대적으로 옳다고 믿게 하며, 자기주장이 곧 정의라고 생각해 태연하게 상대를 공격하도록 만든다.

정의를
밀어붙이는
행동

이면의
심리

분노의 이면에 있는 갈등

자기주장이 옳다고 믿는 사람들은 본인이 정의롭기 때문에 분노한다고 생각한다. 용납하기 어려운 일이 일어나고 있기 때문에 보고 지나칠 수가 없어서 그것을 바로잡으려고 한다는 것이다. 앞에서 다룬 사례를 다시 살펴보자. 소방관이 소방차를 식당 주차장에 세워두고 제복을 입은 채 식사를 하는 모습을 이런 부류의 사람들이 본다면 뭐라고 할까? "근무 중에 식사하는 건 말도 안 되는 일이야." "소방차를 사적으로 이용하는 건 용납할 수 없어." "이건 시민의 세금을 낭비하는 거야."라면서 일방적으로 비난할 것이다. 소방관의 사정 같은 건 아랑곳하지 않고 말이다.

얼마 전 쌀 홍보대사를 모집하는 전단지에 "흰 피부에 스타일이 좋은 분 모집"이라는 표현을 쓴 주최 측이 여론의 뭇매를 맞았다. "여자는 무조건 흰 피부여야 한다는 거야? 차별이다." "피부가 희지 않은 여성을 깔보고 있다."라며 비난이 쏟아진 것이다. 주최 측은 이에 대해 홍보하려는 것이 흰쌀이다 보니 단순하게 하얀 피부를 떠올리게 되었다고 해명했다. 하지만 비난은 여기서 끝나지 않았다. 그 전단지에는 "쌀을 좋아하는 16세 이상의 여성"이라는 광고 문구도 있었는데, 이 역시 논란의 대상이 된 것이다. 그리하여 주최 측은 이 부분도 "남녀 불문 홍보대사 모집"이라고 수정해야 했다. 물론 이 두 문구는 분명 오해의 소지가 있다. 하지만 주최 측의 사정 같은 것은 전혀 들어보려고도 하지 않은 채 비난만 하려는 까닭은 무엇일까?

또 한번은 일본에서 새해에 우동 먹는 풍습을 대중화하기 위해 우동 그림 카드를 판매하려던 적이 있었다. 그런데 카드에 적힌 "강한 허리, 흰 피부, 굵직함이 마치 아내 같구나."라는 문구가 부적절하다는 지적이 있어서 그 문안이 전면 재검토되었다. 연관성보다 단순히 재미를 위해 '아내'라는 표현을 쓴 것인데, 이것을 유머로 받아들이지 않고 아내를 무시했다며 분노에 사로잡히는 까닭은 또 무엇일까?

비난한 사람들은 전부 사회정의를 실현하기 위해 그런 것이라고 하지만, 과연 그렇기만 할까? 비난한 대상의 사정을 고려해본다면 과연 잘못을 꾸짖을 일이기만 했을까? 소방관은 위급한 상황이 발생하면 신속하게 출동해야 한다. 그래서 제복을 미처 갈아입을 시간도 없이 일하는 도중에 짬을 내어 끼니를 때운 것이다. 쌀 홍보 대사를 뽑는 경우에도 마찬가지다. 주최 측은 쌀이 하얗기 때문에 모델도 흰 피부면 좋겠다고 생각했을 뿐 모든 여성이 흰 피부여야 한다고 말한 것이 아니다. 우동 그림 카드의 경우도 그렇다. 재미있는 표현을 찾다가 아내라는 단어를 예로 든 것일 뿐이다. 과연 이 문구를 보고 웃어넘기지 못해 정말로 상처받는 아내가 얼마나 있을까?

이런 일로 분노에 사로잡혀 과도하게 화를 내거나 비난하는 사람들은 사회정의를 구현하기 위해서라기보다 어쩌면 그 내면에 어떤 갈등이나 불만이 있어서가 아닐까?

욕구불만이 유발하는 공격적인 행동

자기주장만 옳다고 밀어붙이는 사람들에 대해서는 공격적이라고 느낄 수밖에 없다. 그들의 의견은 합당하다고 보기 어려울 뿐만 아니라, 그들은 냉철하게 판단하지도 못한다. 이런 행동이나 심리 상태를 이해하고자 할 때 참고하면 좋은 것이 심리학에서 잘 알려진 '욕구불만―공격' 가설이다. 이는 쉽게 말해 어떤 사람이 욕구불만인 상태에 있으면 공격하려는 충동이 높아진다는 것이다. 실제로 자신의 일상을 되돌아보자. 자신이든 타인이든 누구나 한번쯤 그렇게 행동하고 있다는 것을 실감할 것이다.

예를 들어 내가 급하게 갈 곳이 있어서 길을 걷고 있었다. 그런데 앞에 한 무리가 늘어서서 걷느라 나를 가로막으면 어떤가? 앞으로 나아가지 못하기 때문에 짜증이 솟구친다. 이렇듯 목표를 향한 행동이 저지되면 공격적으로 변하게 된다. 미국의 심리학자 존 달러드John Dollard는 욕구불만―공격 가설frustration-aggression hypothesis(좌절―공격 가설)을 제창하면서, "목표를 향해 수행하던 행동이 저지되면 욕구불만이 생기고 그것을 해소하거나 줄이기 위해 공격적으로 행동한다."라고 설명했다. 또한 이 가설의 타당성은 많은 실험과 조사로 증명되었다.

특히 이는 어린이를 대상으로 한 실험에서 두드러진다.

잘못한 사람을 비난하는 사람들이
전부 사회정의를 실현하기 위해
그러는 것일까? 과하게 분노하는
사람들의 내면에 어떤 불만이 있어서
그러는 것은 아닐까?

심리학자 로저 바커Roger Barker는 욕구불만이 어떻게 공격적인 행동을 유발하는지 그 심리적 메커니즘을 명확히 증명하고자 어린이를 대상으로 한 가지 실험을 진행했다. 우선 실험에 참여한 아이들을 두 그룹으로 나눴다. 그리고 모든 아이들에게 장난감이 방 안에 가득 차 있는 모습을 보여주었다.

우선 한 그룹의 아이들에게는 장난감을 눈으로 보여주기만 하고 장난감을 그들의 손이 닿지 않는 곳에 가져다놓았다. 아이들은 철망 너머로 장난감이 보였지만 손이 닿질 않아서 가지고 놀 수 없었다. 이런 식으로 아이들의 욕구불만을 유도한 다음, 시간이 좀 흐른 뒤에 장난감을 주었다. 다른 그룹의 아이들에게는 장난감을 보여준 다음 바로 가지고 놀 수 있게 했다. 과연 어떤 차이가 있었을까?

바커는 양쪽의 행동을 비교해보았다. 우선 후자 그룹의 아이들은 장난감을 가지고 즐겁게 놀았다. 이들은 욕구불만을 일으키지 않은 셈이다. 그러나 전자 그룹의 아이들은 장난감을 집어던지거나 발로 밟고 부수는 등 공격적인 행동을 보였다. 장난감을 보고도 바로 가지고 놀 수 없었던 아이들이 욕구불만을 느꼈고, 그 마음을 발산하고자 장난감을 폭력적으로 다루는 공격적인 행동을 한 것이다. 장난감을 가지고 놀 수 있다는 기쁨보다 그전에 느낀 욕구불만을 공격적인 행동으로 해소하고자 하는 마음이 먼저였던 듯하다. 아이는 어른에 비해 느끼는 바를 솔직하게 표현하기 때문에, 이런 충동도 감추지 않는다. 그런 관점에서 보면 이 실험 결과가 욕구불만이 공격적인 행동의 원인이 되는 증거라고 볼 수 있다.

이 실험의 경우, 아이들은 욕구불만을 일으킨 원인이 되는 대상, 즉 장난감을 공격했다. 그러나 이 공격의 대상이 다른 대상으로 옮겨가는 경우도 있다. 가령 이런 경우다.

어떤 사람이 직장에서 받아들이기 어려운 인사 평가를 받거나 거래처 담당자에게 불합리한 일을 당해서 욕구불만을 느끼게 되었다고 해보자. 그는 이 욕구불만을 미처 해소하지 못한 상태다. 그러다가 집으로 돌아가는 전철 안에서 시끄럽게 구는 사람을 맞닥뜨렸다. 이때 그는 시끄럽게 구는 사람을 향해 "시끄러워!"라고 호통을 칠 수 있다. 아니면 집에 돌아가서 가족들에게 짜증을 부릴 수도 있고 말이다.

또 이런 경우도 있다. 어떤 사람이 자기 나름대로 자신 있었던 제안을 회의 때 이야기했지만, 결과는 기각이었다. 욕구불만에 빠진 그는 가지고 있던 서류를 책상 위에 내동댕이치거나 발밑에 있던 쓰레기통을 걷어찰지도 모른다. 물건을 향해 공격적인 행동을 하는 것이다. 이처럼 욕구불만의 원인이 된 사람이나 상황과 전혀 관계없는 대상을 향해서 충동적으로 공격적인 행동을 할 수 있다.

전철이 지연되어 역무원을 붙들고 호통을 치는 사람, 병원 대기실에서 언제까지 기다리게 할 거냐며 직원에게 따지는 사람 등 생각해보면 우리 주변에서 분노하는 사람들을 쉽게 발견할 수 있다. 물론 분노한 사람들은 상대가 자신을 하염없이 기다리게 해서 화가 난 것이라고 생각할 것이다. 하지만 위의 사례들을 보고 나면 분노한 사람들에 대해 이런 생각이 들 수 있다.

사실 그들이 화를 내는 이유는 어쩌면 회사나 가정에서 뭔가 자신의 뜻대로 되지 않았거나 안 좋은 일을 겪어서일지도 모른다고 말이다. 또 그 욕구불만이 쌓여서 별일 아닌 일도 넘어가지 못하고 불같이 화를 내는 것일지도 모른다고 말이다.

이처럼 누군가 자신의 정의를 내세워 어떤 잘못을 저지른 사람을 집요하게 비난할 때, 사실은 비난하고자 하는 공격 대상이 그 사람이 아닐 수 있다. 자신의 욕구불만으로 생긴 짜증을 어딘가 발산하여 해소하고 싶은데, 마침 공격 대상이 눈에 띈 것이다.

　인내심의 한계를 느낄 때 인지 왜곡이 발생하기 쉬운데, 이때 그 공격 대상의 행동이나 말을 비딱하게 해석해서 공격적으로 반응하게 된다. 그래서 평소라면 신경 쓰지 않았을 말에도 "무시하지 마!"라고 받아치거나 평소와 다름없는 집 안을 보고도 "집이 왜 이렇게 지저분한 거야!"라고 시비를 거는 것이다.

생리적 욕구불만이 초래하는 공격성

　일본의 심리학자 오부치 겐이치大渕憲一는 욕구불만-공격 가설에 관한 대표적인 연구 주제를 생리적 욕구불만과 사회적 욕구불만으로 나누고 있다.[9] 지금부터 심리학자들이 이 연구 주제와 관련해 진행한 실험 사례들을 통해 생리적 욕구불만으로 일어나는 공격성과 사회적 욕구불만으로 일어나는 공격성에 대해 살펴보자.

심리학자 스탠리 샥터Stanley Schachter는 흡연자를 대상으로 한 가지 실험을 진행했다. 흡연자들이 일시적 금연으로 욕구 불만을 느끼면 공격성이 높아지는지 확인하는 실험이었다.

그는 먼저 대학생들을 모집한 다음 한 집단에게 교사 역할을 맡기고 다른 한 집단에게는 학생 역할을 맡겼다. 그리고 교사 역할을 맡은 학생들에게 학생 역할을 맡은 사람들을 학습 지도하라고 지시했다. 학습을 제대로 하지 않으면 그 벌로 전기 자극을 주라고도 덧붙였다. 교사 역할을 맡은 학생들 중에는 흡연자와 비흡연자가 있었는데, 흡연자 학생에게는 학습 지도를 하는 도중, 쉬는 시간에 금연을 하게 했다.

이 실험은 바로 교사 역할을 맡은 흡연자 학생들이 금연을 통해 생리적 욕구[10]불만을 느끼면 학생 역할을 맡은 사람들을 체벌할 때 공격적인 행동을 하게 되는지 확인하는 것이 목적이었다. 그는 쉬는 시간 전후로 교사 역할을 맡은 흡연자 학

---

9   오부치 겐이치 저, 《사람을 상처 입히는 마음-공격성의 사회 심리학(人を傷つける心-攻擊性の社会心理学)》, 사이언스사, 2011년 11월.

10   생리적 욕구는 생활하면서 얻은 습성을 유지하고자 하는 욕구도 포함하는데, 흡연의 경우도 습관이 되면 신체가 자극을 받아 흡연하고 싶은 상태를 유지하려고 하므로 이 욕구에 해당하는 것으로 본다. -옮긴이

생들의 벌을 주는 방식(전기 쇼크를 주는 방식)에 변화가 있었는지 측정했다. 결과가 어떻게 나왔을까? 교사 역할을 한 흡연자 학생들은 쉬는 시간이 지나고 학습 지도를 할 때 학생 역할을 맡은 사람들에게 더 자주 전기 충격을 줬다. 반면에 비흡연자인 교사 역할 학생들의 전기 충격 사용 빈도수에는 변화가 없었다.

금연으로 흡연자의 행동을 저지했을 때 체벌(전기 충격)의 빈도수가 증가했다는 실험 결과를 미루어 볼 때, 본능적으로 원하는 행동을 저지하면 생리적 욕구불만이 생기고, 이것이 공격 행동을 촉진한다는 것이 증명된 것이다.

사회적 욕구불만이 초래하는 공격성

생리적 욕구뿐만 아니라 사회적 욕구가 저지당해도 공격성은 높아진다. 가령 타인이 자신에게 안 좋은 언행을 했거나 스스로 정당한 평가를 받지 못해 억울하다고 느낄 때 사회적 욕구불만이 생긴다. 이런 성격의 욕구불만 역시 사람을 공격적으로 만든다.

미국의 심리학자이자 샌디에이고 주립대학교 심리학과 교수인 진 트웬지Jean Twenge는 타인에게 배척당했다는 생각 때문에 일어난 욕구불만이 어떻게 공격적인 행동으로 이어지는지 확인하기 위해 한 가지 실험을 진행했다.

먼저 학생들에게 공동 작업을 하게 한 다음 나중에 또 함께 작업하고 싶은 팀원을 고르게 했다. 그리고 선택받은 학생과 선택받지 못한 학생이 이 작업과 전혀 관계없는 제3의 학생과 컴퓨터 게임을 하도록 지시했다.

그 결과 선택받지 못한 학생은 게임 도중 상대인 제3의 학생에게 강한 불쾌감과 공격적인 성향을 드러냈다. 그 제3의 학생이 자신을 작업 파트너로 선택하지 않았던 사람이 아닌데도 말이다. 이것은 자신이 공동 작업의 파트너로 선택받지 못한 데에서 생겨난 욕구불만이 공격적인 행동을 유발한 증거라고 할 수 있다.

이외에도 여러 조사 결과가 있다. 가령 지난 1년 사이에 직장을 잃은 적이 있는 사람은 일을 계속하는 사람과 비교했을 때 가족에게 폭력을 가한다거나 다양한 종류의 공격적인 행동을 6배나 많이 했다. 또한 업무 스트레스를 강하게 받는 사람일수록 직장에서 동료와 언쟁을 자주 하는 등 공격적인 행동이 두드러진다는 보고도 있다.

심리학자 페테르손Pettersson은 성적이 좋지 않다고 비난받아서 생긴 욕구불만이 공격적인 행동을 촉진하는지 확인하고자 실험을 했다.

먼저 실험 참가자 중 절반에게 어려운 과제를 준 다음 신경에 거슬리는 음악을 들으며 과제를 수행하라고 했다. 그다음 그들이 과제를 마치면 성적이 나쁘다고 비난해 욕구불만이 생기도록 했다. 그리고 나머지 절반에게는 쉬운 과제를 내준 다음 그들이 편안한 음악을 들으면서 문제를 풀 수 있게 했다.

이 과제가 끝나자 양쪽 모두에게 또 다른 과제를 주었다. 한 진행자가 문제를 읽어주면 정답을 맞추는 것이었는데, 진행자가 말을 빠르게 하기도 하고 잘못 읽기도 했다. 그 때문인지 참가자들은 성적이 좋지 못했다. 과제를 다 마치고 나서 마지막으로 모든 참가자에게 진행자의 능력을 평가하게 했다.

결과가 어떻게 나왔을까? 처음 과제를 풀 때부터 욕구불만이 있었던 참가자들만 진행자의 능력을 낮게 평가했다. 이런 평가 결과는 실험 참가자들이 욕구불만 때문에 공격 충동을 느꼈음을 말해준다. 성적이 좋지 않다는 비난을 받아 욕구불만을 느낀 상황에서 진행자가 말을 빠르게 하고 잘못 읽기까지 하자 공격 대상이 진행자에게로 옮겨간 것이다. 그래서 그의 행동에 예민하게 반응하고 싸증을 내며 공격적인 반응을 보였다고 볼 수 있다.

욕구불만이 없는 사람들은 이런 일을 겪었을 때 특별히 분노할 만한 일이라고 느끼지 않는다. 하지만 욕구불만이 있는 사람들은 말을 빨리하거나 말을 잘못 내뱉는 행동 등 사소한 실수에도 화를 낸다. 충분히 화가 나는 일이라고 느끼기 때문이다. 이런 상태에 있으면 상대가 악의 없이 한 말에도 이를 부정적으로 해석하는 인지 왜곡이 발생하기 쉽다.

지역적 정서에서 발생하는 욕구불만

욕구불만은 문화적 특성 때문에 발생하기도 한다. 일본의 아마에甘え[11]가 그것인데 아마에란 인간관계나 배려가 중요한

일본 사회에서 자아를 형성해온 사람들의 마음속에 잠재된 심리를 일컫는 말이다. 예를 들어 나의 생각을 확실히 주장하지 않아도 상대가 먼저 나의 기분을 고려해서 배려해줄 것을 기대하는 심리다. 또 자신이 노력한 것을 노골적으로 드러내어 자랑하지 않아도 제대로 평가해줄 것을 기대하는 심리도 여기에 포함된다.

이런 심리 상태에 놓였을 때 자신이 기대한 일이 일어나지 않으면 욕구불만이 생긴다. 토라지거나 상대의 견해를 오해하거나 원망하는 등 비뚤어지고 공격적으로 변한다.

예를 들어 자신이 원하는 대로 인사이동이 되지 않으면 자신의 희망을 고려해서 인사이동에 신경 써주지 않은 상사를 원망한다. 또한 회사에서 안 좋은 일을 겪고 집에 돌아갔을 때, 굳이 그 일에 대해 말하지 않아도 배우자가 자신의 모습을 보고 짐작해서 위로해주기를 바랐는데 그렇지 않으면 아내에게 화풀이를 한다. 오랫동안 좋아했던 사람이 자신이 아

---

11 아마에는 어리광, 엄살이라고도 그 뜻을 번역할 수 있으나, 이 책의 맥락에 따라 좀 더 풀어서 설명하면 '말하지 않아도 알아서 알아주길 바라는 기대 심리' 같은 것이라 볼 수 있다.—옮긴이

닌 다른 사람과 사이좋게 지내는 모습을 목격하면, 그동안 함께 지내왔는데 자신의 마음을 알아주지 않는다고 토라져 짜증을 낸다. 또 당연히 도와줄 거라고 기대한 친구가 부탁을 거절했을 때도 화를 낸다.

왜 그럴까? 자신의 기대가 받아들여지지 않고 배려를 받지 못했다고 느껴서 공격적인 감정이 솟아오른 것이다. 그래서 기분이 상해 상대에게 듣기 싫은 말을 하거나 무시하는 태도를 취한다.

아마에 이론의 제창자인 도이 다케오는 이러한 아마에 심리적 원형을 유아기에서 찾을 수 있으며, "아마에 심리는 인간이란 존재에 본래 붙어 있던 것으로부터의 분리 사실을 부정하고 분리의 아픔을 지양하려는 일에 있다고 정의할 수 있다."라고 했다.

즉 아마에의 기본은 부모와 자식이 일심동체가 아니라 엄연히 분리된 별개의 개체라는 사실을 받아들이기 어려워하는 데에서 오는, 일체감이라는 환상에 의지하려는 심리에 있다.

도이 다케오에 따르면, 가슴을 물고 놓지 않거나 그것을 깨무는 유아의 분노는 '아마에'라는 심리에 근거한 공격 본능이다. 공격 본능이 단순히 발현된 것이 아니라 아기가 엄마에게 거절당했다고 느꼈기 때문에 생긴 반응이라는 것이다. 즉 아기가 엄마에게 의존하고 싶은 욕구를 충족하는 데 방해를 받아 생긴 불만에 대한 반응이라 할 수 있다.

도이 다케오는 의지하고 싶은데 그대로 받아들여지지 않았을 때 보이는 행동, 토라지거나 상대의 의견을 오해하고 상대를 원망하는 심리 역시 이런 유아의 분노와 같은 맥락으로 보았다. 뿐만 아니라 그는 이렇게 발현된 심리에 피해자 의식도 포함된다고 했다.

즉 순순히 의지하게 해주지 않아서 비뚤어진 공격성을 보이지만, 그러면서도 의지하고 싶어 하고, 이때 의지하지 못하게 되면 결국 절망하게 된다는 것이다.

자신의 노력을 제대로 평가해주길 바라는 것도 마찬가지다. 자신이 부당한 대우를 받았다는 생각이 들면 마음이 비뚤어지는데, 이 또한 원론적으로는 자신이 의지하려고 했던 기대가 어긋났기 때문에 보이는 반응이다.

상대에게 의지하지 않고 등을 돌리는 것도 같은 맥락이다. 의지하고 싶어 하는 자신의 기대가 어긋나서 생긴 불만을 표출하기 위해서다.

'내가 이렇게 열심히 하는데 왜 칭찬해주지 않지?'

'동료가 나보다 잘나가서 상처받았는데 아무도 격려해주지 않잖아.'

이런 욕구불만이 생기면 누군가를 원망하게 되고 피해의식에 휩싸이게 된다. 그리고 공격적으로 변해 상대를 모진 인간이라고 비난하거나 상대에 대한 악평을 퍼뜨리며 자기 불만을 해소하려고 든다.

이렇듯 의존하고 의지하려는 마음이 저지되었을 때 욕구불만을 느끼고 공격적으로 변하는 것은 특히 일본인에게서 많이 볼 수 있다. 앞서 말했듯이 일본 사회에는 좋은 인간관계란 상대를 의식하고 배려하는 것에서 비롯된다는 문화가 널리 퍼져 있기 때문이다.

이렇게 의지하려는 마음이 거절당해서 생기는 분노 반응을 아마에형 공격이라고 한다. 자기주장만 밀어붙이며 공격적으로 대응하는 것은 이렇게 누군가에게 의지하려는 마음을 거부당해 욕구불만이 생겨서 그런 것일 수도 있다.

'내가 이렇게 열심히 하는데
왜 칭찬해주지 않지?'

사람들은 자신이 정당한 평가를
받지 못해 억울할 때,
상대가 자신의 마음을 먼저 알아주지
않아 서운할 때 욕구불만이 생긴다.
그리고 이 욕구불만을 해소하고
싶을 때 다른 사람을 공격한다.

채워지지 않는 승인 욕구

인정받고 싶다는 생각은 누구나 마음속에 있게 마련이다. 욕구 단계설을 제창한 미국의 심리학자 매슬로Abraham H. Maslow도 이러한 승인 욕구를 누구나 채워야 하는 기본적인 욕구 중의 하나라고 말했다. 만일 이 욕구가 채워지지 않으면 일방적으로 자기주장만 하며 타인을 비난하는 공격 행동을 하게 된다.

그렇다면 승인 욕구를 어떻게 채울 수 있을까? 보통 학창 시절에는 공부를 잘하거나 운동신경이 뛰어나거나 동성이나 이성 친구에게 인기가 있는 등 어느 한 영역에서 두각을 나타내면 이 욕구가 채워졌다. 취직을 하고 나서는 업무 능력이 뛰어나거나 조직 안에서 높은 평가를 받거나 출세를 하는 등 어떤 형태로든 업무를 잘한다고 인정받으면 된다. 만약 그것이 어렵다면 속마음을 알아주는 친구가 있거나 사랑하는 연인이 있거나 취미를 함께하는 동료 등 사적인 면에서 승인 욕구를 충족시키면 된다. 그러면 욕구불만으로 괴로워할 일이 없다.

하지만 공부, 운동, 업무, 취미, 인품, 외모 등 어느 한 영역에서라도 인정받아 본 경험이 없으면 승인 욕구가 충족되지 않는다. 결국 욕구불만이 생기고, 이것이 몹시 비뚤어진 인지 왜곡을 일으키고 사람을 공격적으로 변하게 만든다.

이러한 변화의 한 예로, 상대에게 악의가 없는데도 마음대로 나쁘게 해석하는 적대적 귀인 편향hostile attributional bias이라는 심리 경향이 있다. 예를 들어 큰 계약을 수주한 동료의 웃는 얼굴을 보고 '의기양양하게 웃는 꼴을 보니 정말 화가 나네.' '저 여유로운 미소는 나를 깔보는 건가?'라며 짜증을 낸다. 상대는 결코 의기양양하게 웃은 적도 없고, 깔본 것도 아니며, 단지 기뻐서 웃은 것뿐인데도 말이다. 그저 스스로 상대에게 무시당했다고 생각해서 화를 내는 것이다(이와 관련된 상세한 내용은 6장에서 설명하겠다).

간혹 "성공하더니 나댄다." "남을 무시하네." "도덕적이지 못한 인간이야."라며 어떤 사람을 비난하는 것을 볼 때가 있다. 이럴 때 자신의 욕구불만 때문에 인지 왜곡하여 비뚤어진 마음으로 상대를 공격하고 자기주장만 하는 것은 아닌지 살펴봐야 한다. 채워지지 않은 승인 욕구가 욕구불만을 만들어내고, 그로 인해 공격적으로 변한 것일 수 있기 때문이다.

개인이 활약하는 사회에서
활약하지 못하는 자신

'일을 통해 자아실현을 이루자.' '업무를 잘해서 당당히 활약하자.'라는 분위기가 사회 전반에 널리 퍼져 있다. 최근 일본에는 '1억 총활약 사회'라는 말까지 등장했다. 그러나 이러한 분위기는 2018년을 기준으로 채 5년도 되지 않은 일이다.

현재 중년과 노년층에 속하는 사람들이 젊어서 취직했을 때만 해도 이런 생각이 주류가 아니었다. 오히려 당시 그들에게 일하는 것은 먹고살기 위한 경제력을 얻으려는 목적이 더 컸다. 그래서 어디든 좋으니 취직만 하면 되고, 망하지 않을 것 같은 회사에만 들어가면 된다는 식이었다.

그래서인지 요즘의 중년층과 노년층은 이런 사회적 분위기에 적응을 못 하고 반발심마저 갖고 있다. 사회는 일을 통해 자아실현을 이루자고 하고, 젊은 세대는 좋아하는 일을 하면서 살고 싶다고 외친다. 하지만 자신들에게 일은 먹고살기 위한 수단이었고 그래서 필사적으로 해왔을 뿐이다.

좋아하는 일을 하면서 사는 사람이 세상에 얼마나 있겠나.

좋아하지 않는 일이라고 해도 살려면 해야 하는 게 일이 아니겠나. 이것이 요즘 중년층과 노년층의 생각이다.

일을 통해 자아실현을 이루고 싶다거나 좋아하는 일에 종사하고 싶다고 말하는 젊은 세대를 보고 있으면, 단지 생활을 위해 좋아하지도 않는 일을 힘겹게 인내하면서 필사적으로 해온 자신의 인생은 무엇이었는지 돌이켜보게 된다. 그러면서 자아실현 같은 것은 생각해보지 않았던 자신들이 세상과 동떨어진 것 같아 때로는 비참해지고 불만스럽게 느껴지는 것이다.

물론 중년층이나 노년층이 불만을 느끼는 것만큼 젊은 세대들도 저마다의 이유로 불만을 느낀다. 젊은 세대들은 개인이 활약하는 사회나 자신이 빛나는 사회라는 말에 걸맞게 일하기를 꿈꾼다. 최근 신입 사원의 의식 조사 결과를 봐도 자신의 능력을 살릴 수 있어 지금 다니는 회사를 골랐다는 사람이 매우 많아졌다.

그러나 실제로 취직해서 일을 하다 보면 자신이 활약하거나 빛난다고 느끼는 일은 거의 없다. 그래서 '이런 게 아닌데.' '생각했던 것과 다르다.'라며 현재 자신이 처한 상황을 못마땅하게 여기게 된다.

이렇게 따지고 보면 결국 사회생활을 하는 대다수가 자아실현을 이루는 방법은 어떤 특정한 일이나 직업, 회사 그 자체를 선택하는 것이 아니다. 특히 조직 안에서 일할 때는 혼자 눈부신 활약을 펼치거나 나만 돋보이기 어렵다. 결국 생활을 위해 필사적으로 일을 하든 그렇지 않든 그 속에서 성장하려고 하고, 보람을 찾으며 의욕을 북돋으려고 할 때 자아실현도 이룰 수 있는 것이다.

어쨌든 이러한 사회 분위기 속에서 자신이 활약하지 못해 생긴 욕구불만 또한 조직을 향해서건 누군가의 잘못에 대해서건 일방적으로 비난하는 공격적인 심리를 끌어낸다.

고용 불안에 노년 복지까지
왜 우리가 책임져야 해?

앞서 중년, 노년층과 같은 기성세대와 젊은 세대가 사회적 분위기에 따른 각자의 입장 차이 때문에 불만을 느끼고 있다는 점을 지적했다. 이 두 세대가 어떤 입장에서 욕구불만을 느끼고 있는지 좀 더 자세히 들여다보자.

지금 일본의 젊은이들은 고도 경제성장기에 나고 자란 부모를 둔 세대다. 그들은 경제성장이 멈추고 월급이 좀처럼 오르지 않아 고생하는 부모의 모습을 보고 자랐다.

그런데 그들은 앞으로 살아나가야 하는 자신들과 부모의 삶을 비교하면, 부모가 살아온 과거가 훨씬 낫다고 생각한다. 자신의 부모 세대들은 점점 힘들어지긴 했지만, 적어도 취직할 당시에는 경기가 호황이었기 때문이다.

대학생인 젊은 세대들은 거품경제 시기에 청춘을 보낸 부모님의 이야기를 하면서 지금과 달리 풍족하고 화려하게 즐겼던 모습이나 고생스럽게 구직 활동을 하지 않은 점이 부럽다고 말한다. 그리고 자신들의 장래에 대해서 매우 비관적으로 전망한다.

특히 2020년 도쿄 올림픽이 끝날 시점에는 불경기가 전망되고 있어, 그때 사회에 진출하는 자신들이 착실하게 돈을 모아 결혼하고 아이를 키울 수 있는 경제력을 갖추기는 어려울 것이라고 절망한다. 특히 비정규 고용에 대한 불안이 크다. 경제성장이 끝나고 종신고용은 무너졌으며 비정규 고용만 늘어나는 추세다. 그들 입장에서는 당연히 취직해도 미래가 보이지 않는다는 암울한 전망을 할 수밖에 없다.

자신들의 미래도 보장받지 못한다는 불안감 때문인지 고령화 노인들의 복지를 자신들의 세금으로 부담해야 한다는 현실을 이해할 수 없다고도 한다. 부모 세대에 비해서 자신들은 제대로 보상받지 못한 세대이며, 그래서 불공평하다는 불만을 안고 있다.

위아래에 껴서 눈치만 보고, 우리는 누가 대접해주나?

중년과 노년 세대도 자신들의 윗세대나 젊은 세대에 비해 자신들이 불공평한 대우를 받았다고 생각한다. 가령 인사 시스템 같은 것들이 그렇다.

그들이 젊었을 때만 해도 연공서열이 당연하던 시절이었다. 아랫사람이 아무리 일을 많이 해도 연차 높은 상사들이 급여를 훨씬 많이 가져갔다. 불공평하다고 느꼈지만, 어차피 자신들의 급여도 점점 오를 것이므로 머지않아 회수할 수 있다고 생각하고 참았다.

그런데 막상 자신들이 나이를 먹고 연차를 제법 쌓고 보니, 어느새 연공서열 제도는 무너지고 능력급이나 성과주의라는 말이 등장했다. 최근에는 동일노동 동일임금이라고 해서 나이는 전혀 상관없다는 분위기가 지배적이다.

이제 젊은 시절에 낮은 임금을 감수하고 필사적으로 일한 노동의 대가를 되돌려 받지 못하게 되었다. 이들의 입장에서는 이럴 거면 그 시절 왜 그렇게 참고 견뎠는지 억울해진다. 윗세대와 비교했을 때 당연히 불공평한 느낌이 들 수밖에 없다.

자식 세대와 비교했을 때도 마찬가지다. 자신들이 젊었을 때는 연장자 우대라고 해서 윗사람을 존중하는 것이 당연했다. 연장자를 신경 쓰고 그들의 눈치를 보느라 말 한마디 마음대로 하지 못했고, 다소 불합리한 일이 있어도 윗사람의 지시를 따른 경우가 많았다.

그런데 지금 젊은 세대들은 자신들이 윗세대에게 해왔던 것만큼 연장자를 존중하지 않는다. 특히 IT 기술처럼 신기술에 관한 분야는 자신들이 더 강하다고 생각해서인지(지식 습득력이나 실력 면에서 더 유리하다고 생각하는 듯하다), 자신의 의견을 굽힐 줄 모른다. 또 학창시절에 대우를 받았거나 토론을 통해 자기주장을 펼치는 교육을 받은 탓인지 무턱대고 자기 생각만 내세울 때도 종종 있다.

이뿐만이 아니다. 중년과 노년 세대는 젊었을 때 상사나 선배에게 혹독한 말을 들으면서도 '이것쯤이야.'라고 이겨내면서 단련해왔다. 하지만 요즘 젊은 세대는 조금만 신한 말을 들어도 바로 상처받았다거나 괴롭힘을 당했다며 따지고 든다. 아니면 다음 날부터 아예 회사에 안 나오는 경우도 있다.

그래서 젊은 사람들을 대할 때 굉장히 신경 써야 한다. 자신들이 젊었을 때에는 윗세대의 눈치를 봤다면 지금은 아랫세대의 눈치를 봐야 한다. 이런 시대의 흐름도 불공평하다는 느낌을 부추긴다. 이런 측면에서 보면 중년과 노년 세대들 역시 자신들이 보상받지 못하고 있다는 불만을 품을 만하다.

자신이 정당하게 평가되지 못한다는 불만

자기주장을 하는 데 집념을 불태우는 사람을 보면 대체로 '나는 정당하게 평가받지 못하고 있다.'라는 불만이 많다. 물론 이런 생각은 사실 누구나 마음속으로 하고 있다. 왜냐하면 사람은 누구나 자신에 대해서는 긍정적으로 착각하기 때문이다.

긍정적 착각이란 쉽게 말해 자신을 과대평가하는 인지 왜곡을 말한다. 미국의 심리학자이자 미시간대학교 심리학과 교수인 데이비드 던닝David Dunning은 고등학생을 대상으로 리더십 능력에 대해 조사했다. 조사 대상의 약 70%가 자신의 리더십 능력이 평균 이상이라고 답했고, 평균 이하라고 한 사람은 단 2%밖에 없다는 결과가 나왔다.

사람과 사이좋게 지내는 능력에 대해서도 학생 중 85%가 자신을 평균 이상이라고 말했고, 평균 이하라고 평가한 사람은 전혀 없었다. 게다가 무려 25%는 자신이 상위 1%에 들어간다고 답했다. 비교적 판단하기 쉬운 운동 능력 역시 60%가 자신은 평균 이상이라고 했으며, 평균 이하라고 보는 사람은 겨우 6%에 불과했다.

그 외에도 풍부한 감수성을 지니고 있느냐는 물음에 79%가 그렇다고 답했으며, 75%가 자신을 현명하다고 평가했다. 이 상주의적 경향에 대해서는 68%가 자신을 평균 이상이라고 보았다. 이렇게 긍정적인 성질에 관해서 자신을 평균 이상이라고 생각하는 사람의 비율이 50%가 넘었다. 하지만 이는 통계적으로 불가능한 일이다. 오히려 이 수치의 의미는 많은 사람이 자신에 대해 긍정적 착각을 하는 증거라고 할 수 있다.

심리학자 브라운Brown과 더턴Dutton은 학생뿐 아니라 어른도 이와 같은 긍정적 착각을 한다고 지적한다. 관리자의 90%가 자신의 능력이 다른 관리자보다 뛰어나다고 평가한 조사 자료나, 대학교수의 94%가 자신이 다른 교수보다 뛰어난 업적을 올리고 있다고 평가한 조사 자료가 바로 그 예다.

이런 조사에서 자신이 평균 이상이라고 평가한 비율이 90%가 넘는 것을 보면, 실제로 그 사람들의 절반 정도는 평균 이하인데도 자신이 평균 이상이라고 착각하는 셈이다. 또한 이런 결과는 자기 인지가 실제보다 긍정적인 쪽으로 왜곡되어 있음을 보여준다.

이렇게 자신을 과대평가하다 보면 누구나 자신이 정당하게 평가받지 못한다는 불만을 품게 된다. 사실 평가하는 쪽이 아무리 정당하게 평가하려고 해도 인간이 하는 일은 완전히 객관적일 수 없기에 왜곡하는 부분이 생기게 마련이다. 설령 어떤 객관적 기준에 의해 정당한 평가가 이루어진다고 해도 누구나 자신을 과대평가하는 긍정적 착각을 하고 있지 않은가. 따라서 어떻게 평가해도 자신은 낮은 평가를 받고 있고, 정당하게 평가받지 못해 부당하다고 생각하게 된다.

퇴근길에 술집에 들르면 많은 직장인이 여기저기서 신세 한탄을 한다. 술기운을 빌려 자신이 받은 부당한 평가에 대해, 자신의 불우함을 한탄하면서 불만을 토로하는 모습을 쉽게 볼 수 있다. 하지만 알고 보면 이는 자신을 과대평가하는 긍정적 착각에서 비롯된 것일지 모른다. 그런 욕구불만이 자기주장만 밀어붙이는 행동으로 이어지는 것은 아닐까.

감정노동의 스트레스

미국의 사회학자 앨리 러셀 혹실드Arlie Russell Hochschild는 저서 《감정노동》에서 사람이 하는 일에는 육체노동이나 두뇌 노동뿐만 아니라 감정노동도 있다고 지적했다.

"이 노동을 하는 사람은 자신의 겉모습을 유지하고 감정을 북돋거나 억누르면서 상대의 기분을 좋게 만든다. 그들은 사람들에게 친숙하고 안전한 장소에서 대접받는다는 느낌을 주어야 한다. 이런 노동은 정신과 기분을 잘 조절해야 하고, 나아가 각자의 개성을 구분하는 본질까지 내어주어야 하는 경우도 있다."

이 책에서 말하는 "이 노동을 하는 사람"은 승무원이다. 앨리 러셀 혹실드의 감정노동에 관한 연구는, 승객 서비스로 높은 평가를 받은 델타 항공에서 일하는 승무원의 실태를 파악한 것에서 실마리를 얻었다고 한다.

감정노동이란 고객의 만족을 최우선으로 생각하며 이를 위해 자신의 감정을 강하게 제어하는 일이다. 말하자면 직무에 필요한 감정을 연출하고, 필요하지 않은 개인의 감정은 억제하는 것이다. 고객의 기분을 만족시키기 위해 자신의 감정을 잘 다스려야 하는 노동이기도 하다. 앨리 러셀 혹실드는 이

책에서 다음과 같은 승무원의 예를 들고 있다.

"나와 이야기를 나눈 승무원들은 자신이 웃고 있어도 실제 자신의 기분이 아니라고 하는 경우가 많았다. 승무원의 미소는 화장, 유니폼, 기내에 흐르는 음악, 기분을 풀어주는 은은한 색상의 내부 장식, 기내에서 제공되는 음료의 연장선에 있는 것으로 여겨지며 이런 요소들이 합쳐져 승객들의 기분을 만들어낸다. (중략) 승무원에게 미소는 업무의 한 부분이다. (중략) 피로감이나 짜증을 감추는 것도 승무원 업무의 일부다. 만약 피로감이나 짜증을 드러내면 승객의 만족이라는 생산물은 질이 떨어지고 만다."

이 글을 읽으면 승무원의 서비스는 굉장히 인위적이며 부자연스러운 행동을 상품으로 내세운다는 인상을 받는다. 하지만 실제로 고객을 맞이하는 업무를 하는 사람이라면 공감할 것이다. 많든 적든 누구나 고객 만족에 필요치 않은 감정은 억제하고 필요한 감정을 연출해야 한다는 것을 말이다.

불합리한 말을 듣고 마음속으로 화가 나도, 폭발할 것 같은 분노의 감정을 억누르고 그 자리에 어울리는 감정을 연출해야 한다. 아무리 피곤해도, 아무리 짜증이 나도 온화한 미소로 대응해야 한다. 그렇지 않으면 고객을 상대하는 업무를 제대로 완수하지 못한다. 그래서 직무에 어울리는 감정을 연출하고, 직무에 어울리지 않는 감정은 억제한다.

그런데 이런 감정노동은 이제 서비스업뿐만 아니라 다양한 업종의 일터에서 요구되고 있다. 인터넷 사회가 도래한 후 사람들은 뭔가 불만이 있으면 바로 온라인에 불만의 대상을 비난하는 글을 올린다. 점원의 태도가 거슬리면 즉시 그 가게를 험담하거나, 병원 창구 직원의 대응이나 의사의 태도가 불쾌했다면 바로 병원 홈페이지나 개인 SNS에 험담을 올린다. 때로는 지나치게 감정적으로 사건을 과장하거나 있지도 않은 일까지 써서 비방한다.

일단 온라인에 글을 올리면 순식간에 확산되므로 누구나 인터넷상에 비난의 글이 떠도는 것을 매우 두려워한다. 그래서 의료 현장에서도, 교육 현장에서도, 공공 서비스 현장에서도 고객을 과도하게 대우하는 분위기가 생겼다. 덕분에 직원만 지나친 감정노동에 시달리게 되었다.

지금은 감정노동을 제대로 소화하는 일이 유능한 직원의

조건이라고 해도 과언이 아니다. 그래서 대부분의 사람들이 감정노동이라는 큰 스트레스를 떠안게 되었다. 과도하게 고객을 대우하면서 누구나 폭발 직전의 상태에 내몰리는 것이다. 나는 그들이 언제 폭발해도 이상하지 않은 이런 일촉즉발의 상황을 《대접이라는 잔혹 사회おもてなしという残酷社会》라는 책에서 지적했다.

- 편의점 점원이 일일이 따지고 드는 고객 때문에 갑자기 이성을 잃었다.
- 역무원이 끈질기게 따지고 드는 승객에게 "이제 그만해!"라고 호통을 쳤다.
- 교사가 이제 참지 않겠다며 학생의 부모에게 폭언을 내뱉었다.
- 간호사가 병원에서 불만을 늘어놓는 환자에게 욕을 퍼부었다.
- 술집 점원이 트집을 잡으며 항의하는 고객에게 "웃기지 마!"라며 머리에 맥주를 끼얹었다.

그리고 마침내 이 책이 일본에서 출간될 무렵 실제로도 이런 일이 일어났다. 일본에서 한 택배 기사가 이성을 잃고 배달하던 화물을 던지며 걷어차는 모습이 공개된 것이다. 일을 하다 보면 스트레스가 쌓여 이렇게까지 한계에 내몰리기도 한다. 그리고 이렇게 쌓인 스트레스가 자기주장만 앞세우고 타인을 비난하게 만드는 것일 수도 있다.

또 한 가지, 여기에서 더 생각해봐야 할 문제가 있다. 이렇게 고객의 불만을 억지로 참아내며 과도한 감정노동을 한 사람이 다른 곳에 가서 고객의 입장이 되면 누군가에게 감정노동을 시킨다는 것이다.

어떤 고객이 한 편의점 직원에게 일솜씨가 형편없다고 따지고 든다. 한 승객은 사고가 나서 지연된 전철이 언제 오냐며 역무원에게 소리를 지른다. 어떤 환자가 병원 대기실에 자신을 오랫동안 기다리게 했다고 병원에 거칠게 항의한다. 그리고 이 사람들은 자신이 옳은 일을 한다고 주장한다.

그러나 거기에는 상대의 입장과 기분을 배려하는 여유가 없다. 오직 일방적으로 내세우는 자기주장만 있을 뿐이다. 이렇게 보면 고객도, 승객도, 환자도 사실 옳은 일을 주장한다기보다 일상에서 감정노동을 하며 쌓인 스트레스를 누군가에게 풀려고 그러는 게 아닐까 생각하게 된다.

많은 사람이 감정노동에 시달린다.
그들은 엄청난 스트레스를 억누르고
자기 자리에 어울리는 감정을
연출하며 타인을 상대한다.
그렇게 언제 화를 내도 이상하지
않을 정도로 한계에 다다르면,
그 분노는 시시때때로 의외의
장소에서 타인을 향해 폭발한다.

자신은 정의의 편이라는 자아도취

자기주장만 내세우는 사람들을 보면 '나는 정의의 편이다.'라는 자아도취에 빠져 있다. '소셜 저스티스 워리어social justice warrior, SJW'라는 말이 있는데, 이는 본래 진보적인 관점에 서서 사회를 개혁하는 발언을 하거나 운동을 추진하는 사람을 뜻했다.

그러나 최근에는 자신의 관점에 반하여 어우러지지 않는 대상을 지속적으로 공격하거나 배제하려고 하는 보수적인 사람을 가리키기도 한다. 어느 쪽이든 사회를 더 나은 방향으로 바꾸고 싶다는 정의감을 바탕으로 자신과 가치관이 맞지 않는 인물, 조직, 제도 등을 철저히 공격한다는 점은 같다.

이 사람들의 경우 자신이 절대로 옳다고 믿고 정의의 편을 자처하고 있다고 생각하지만, 냉정하게 타인의 시선으로 바라보면 편견에 갇힌 것처럼 보인다. 주장이 지나치게 강고해서 다른 의견을 들을 마음이 전혀 없어 보이기 때문이다.

옆에서 보면 '상당히 비뚤어진 관점으로 보고 있네.' '무작정 극단적인 말을 내뱉는구나.' '그렇게까지 공격적일 필요가 있을까?'라는 생각마저 드는데, 정작 본인은 자신의 말이 절대적으로 옳다고 믿는다.

주변 사람이 '그렇게까지 화낼 정도의 일이 아닌데.' '그렇게 일을 시끄럽게 만들 필요가 있을까?'라며 고개를 가로저어도 본인은 못 본 척 넘기지 못한다. 그리고 모두가 말하기 꺼리는 어려운 일도 나서서 확실히 의견을 피력해야 한다고 믿는다. 그런 일에 사명감마저 느끼는 듯하다. 오히려 이상한 일이 있어도 외면하며 자신을 보호하기에만 급급한 사람들 틈에서 해야 할 말을 당당히 하는 자신이 진짜 정의의 편이며 정의의 사도라는 의식을 가지고 있다.

그런 식으로 자아도취에 빠져 있기 때문에 현실을 냉정하게 보지 못하는 경우가 많다. 극단적인 형태를 띤 일방적 자기주장을 하거나, 자신의 주장이 통하지 않으면 "어째서 이렇게 당연한 일을 모르는 거야?"라고 상대를 공격한다.

그들은 왜 그렇게까지 정의의 사도를 자처하는 것일까? 그들 안에 일종의 열등 콤플렉스가 잠재되어 있어서다. 열등 콤플렉스의 한 변종으로 메시아 콤플렉스라는 것이 있다. 이 콤플렉스는 무의식중에 자신이 구세주가 될 운명이라고 믿는 것이다. 필요 이상으로 타인을 구제하려고 하며 타인의 사고나 감정, 행동에 영향을 끼치려고 한다.

분석심리학을 연구하는 가와이 하야오는 메시아 콤플렉스로 움직이는 사람은 타인을 구제하려는 경향이 강해서 불필요한 도움을 주려고 하거나 동정한다고 한다. 불필요한 도움을 받는 상대의 입장에서는 "고맙지만 난처하다."라는 말이 딱 들어맞는 셈이다.

사실 이런 사람의 마음속 깊은 곳에는 열등감과 비뚤어진 우월감이 복잡하게 얽혀 있다. 자신이 업무를 하며 실력을 발휘하지 못하거나 주변 사람과 어울리지 못한다는 느낌을 받으면 무의식중에 열등감이 생긴다. 그래서 그 열등감을 뿌리치기 위해 정의의 사도를 자처해서 자신이 생각하는 악을 비난하는 것이다.

콤플렉스는 사람의 무의식에 작용하므로 콤플렉스에 사로잡힌 사람은 무의식적인 충동에 마음이 흔들려 현실을 냉정히 보지 못한다. 상대의 주장에 귀를 기울이려고 하지 않고, 상대의 입장과 동향을 전혀 배려하지 않는다. 그리고 자기만의 이치를 내세운다.

자기 효능감의 추구

　메시아 콤플렉스에는 자신의 가치를 느끼지 못하는 열등 콤플렉스가 얽혀 있다고 했다. 자기주장만 내세우는 사람들의 마음속에도 어쩌면 이 콤플렉스가 잠재되어 있는 게 아닐까. 그래서 자신의 유능함을 확인하고 싶어하는 게 아닐까?

　어떤 추태를 부리거나 그럴 것이라고 예상한 사람을 격하게 비난하는 사람, 어떤 잘못을 했다고 생각한 가게나 기업, 관청, 학교, 병원 등을 집요하게 비난하려고 하는 사람을 보면 비난하는 행위를 통해 자신의 힘을 과시하려고 하는 욕구가 강한 것 같다.

　어째서 그렇게까지 공격적으로 나오는지 의문스럽지만, 그들은 자신의 발언이 상대방에게 피해를 입혀서 상대가 곤란해 하거나 상대를 굴복시키게 되면 만족감을 느낀다. 자신이 하면 뭐든지 된다는 느낌, 바로 자기 효능감self-efficacy을 원하는 것이다.

　그런 형태로 자기 효능감을 얻으려는 것은 평상시에 자신의 뜻대로 힘을 발휘하지 못해서 자기 효능감이 낮기 때문이다. 이런 사람들은 스스로 자신감을 얻고 싶어 하고, 자기 자신에게 가치가 있음을 확인하려는 마음이 매우 강하다. 그런 사람에게 자기 효능감을 높일 기회를 주는 것이 바로 잘못을 저지른 인물이나 조직이다.

유명인이 실언을 하면 이들은 온라인상에 유명인을 비난하는 글을 쓴다. 흠이 있는 상품을 판 기업, 불친절한 직원이 있는 공공 기관, 고객에게 친절한 대응을 하지 못한 가게 등도 마찬가지다. 그렇게 쓴 비난의 글이 널리 퍼져서 상대가 사죄하거나 곤혹스러워하는 모습을 보면 그들은 자기 효능감이 높아진다고 느낀다.

뿐만 아니라 온라인상에서 다 같이 비난하는 대상을 발견하면, 그 흐름에 편승해서 함께 비판하기도 한다. 그 비판이 확산되어 가면 역시 자기 효능감이 높아진다고 믿는다. 이렇게 잘못을 했다고 생각한 사람이나 조직을 비난해서 자기 효능감이 높아지는 경험을 반복하면 곧 버릇이 된다.

왜곡된 정의를 내세워 사람이나 조직을 집요하게 공격하는 소위 악플러들 중에는 이렇게 버릇처럼 타인을 비난하여 자기 만족감을 느끼는 사람이 상당히 포함되어 있는 게 아닐까.

정의를 주장하는 사람이 진보인가?
보수인가? 정의의 사도인가?
사실은 어느 쪽도 아닐 수 있다.
그들은 자신이 옳고 정의의 편이라고
자처하지만, 상대의 의견을 전혀
들을 마음이 없다면 자아도취에 빠져
비뚤어진 한 인간일 뿐이다.

자신에게 어떤 정당성을 부여하고 싶다

자기주장을 내세우는 사람들의 마음속에는 자기 효능감을 높이고 싶다는 욕구 외에 자신에게 어떤 정당성을 부여하고 싶다는 욕구도 잠재되어 있다.

사람은 누구나 이익과 손해에 민감하며 이왕이면 손해보다 이익을 얻고 싶어 한다. 그래서 이기적으로 행동할 때가 있는데, 그러면서도 한편으로는 그런 보잘것없는 자신의 모습을 인정하고 싶어 하지 않는다. 그래서 자기합리화, 즉 자신에게 어떤 정당성을 부여해 그러한 이기적인 행위를 인정받고 싶어 한다.

이런 측면에서 보자면, 자기주장을 내세우는 사람들이 (누군가를 비난하는 행위에 대해) 어떤 정당성을 부여받고 싶을 때, 절호의 기회가 되어주는 것이 바로 이기적으로 행동하는 타인이다. 그런 사람을 비난하는 일은 자기 정당성을 확보하기에 좋기 때문이다.

심리학자 조던Jordan이 제창한 TPP Third-Party Punishment라는 모델이 있다. 타인의 이기적인 행동을 왜 처벌하려는 것인지,

게다가 직접 피해 입은 당사자가 아닌 제3자가 그 사람을 처벌하려고 하는 까닭이 무엇인지 설명하는 모델이다. TPP 모델에 따르면 이기적으로 행동하는 사람을 처벌하려는 사람들은 자신이 이기적이지 않고, 신뢰할 만한 인물임을 드러내기 위해 그렇게 행동한다. 조던은 심리학 실험을 통해 모델의 타당성을 증명했다.

자신이 이기적이지 않고 신뢰할 만한 인물이라고 강하게 보여주고 싶어 하는 사람은 사실 떳떳하지 못하거나 자기 주장의 정당성에 자신이 없는 경우가 많다. 그래서 타인에게 제대로 신뢰받을 자신이 없기 때문에 이기적인 인물을 더 강하게 비난하려고 한다.

정의가 통하지 않고 나쁜 놈이 더 잘사는 답답한 세상

세상에는 남을 속여서 돈을 벌거나 부정한 일을 저지르고도 법망을 교묘하게 빠져나가는 사람들이 많다. 그래서 오히려 정직한 사람이 손해를 보는 느낌이 든다. 정치인만 봐도 그렇다. 선거운동을 할 때는 자신을 낮추고 사람들에게 악수를 청하며 웃음을 뿌리지만, 막상 당선되면 언제 그랬냐는 듯이 고개를 빳빳이 든다. 뉴스에서 기자회견을 하는 모습을 보거나 국회 중계 등을 보면 믿음직스럽지 못한 정치인의 모습이 생생히 전해져온다.

그래서 나라를 움직이는 사람들의 이런 모습에 기가 막히고, 올바른 일이 통하지 않는 세상에 짜증이 솟구치는 사람도 덩달아 많아졌다. 일본 사극 '미토 고몬'처럼 권선징악을 주제로 한 작품이 지금의 수사물 형태로 변형되어 방영되고, 이런 프로그램들이 인기를 얻는 것도 어쩌면 이런 짜증을 해소하고 싶다는 욕구가 반영되었기 때문이 아닐까.

어쨌든 권력자의 부조리가 폭로되어 제대로 심판받는 모습을 보면 일상의 울분이 풀리고 기분이 후련해지지 않는가. 정의가 통하지 않고, 권력자들은 끊임없이 부정을 저지르며, 나쁜 쪽으로 머리를 쓰는 사람들이 버젓이 활보하는 세상에서 느끼는 짜증을 드라마를 통해 잠깐이나마 해소하는 것이다.

물론 드라마가 끝나고 현실로 돌아오면 변함없이 부조리한 사회가 눈앞에 존재한다. 그리고 우리는 그런 사회에 소속되어 살아가는 수밖에 없다. 그래서인지 최근에는 권선징악으로 끝나지 않고 결국 부정을 저지르는 쪽이 권력을 더 강하게 휘둘러 손댈 수 없는 데까지 가는 모습을 보여주는 드라마도 많다. 또 어떤 면에서는 그편이 현실을 더 충실히 반영한 것 같기도 하다. 하지만 그것을 본 사람들은 "그렇지. 현실은 이런 거야."라고 공감하면서도 어딘가 씁쓸하고 답답한 기분이 마음속에 남을 것이다.

분개할 만한 소식만 알려주는 뉴스를 보며 화가 나는 사람들, 과격한 형태로 자기주장을 하는 사람들의 마음속에는 그런 짜증이 있을지도 모른다.

자기주장으로 기분을 환기한다

자신의 생각을 입 밖으로 내뱉지 않고 마음속에 담아두면 그 또한 스트레스가 된다. 불만이 있거나 안 좋은 일이 생겼을 때, 화가 날 때, 그것을 감추지 않고 이야기할 수 있는 자리가 있다면 어느 정도 스트레스를 해소할 수 있다. 마음속에 담아둔 생각을 내뱉는 것만으로도 카타르시스를 느껴 후련해지기 때문이다.

그러나 참고만 있으면 마음속에 담아둔 생각이 쌓이고 쌓여서 폭발 직전의 상태가 된다. 평소에 매우 얌전하고 자기주장은커녕 주변 사람들에게 맞춰주던 사람이 갑자기 분노를 터뜨려 주변 사람들을 위협하는 경우가 있는데, 다 마음속에 생각을 담아두고 지나치게 억눌렀기 때문이다. 하고 싶은 말이 있으면 적당히 하고 살아야 하는데, 입을 꾹 다물고 있으니 분노가 쌓이고 쌓이다가 갑자기 감정이 폭발하는 것이다.

온라인에서 자기주장을 하며 다른 사람이나 특정 기업을 맹렬히 공격하는 사람들 중에도 실제 현실에서는 아주 얌전한 사람들이 있다. 마치 전혀 다른 사람 같다. 이런 사람들도 알고 보면 평소에 자기 생각을 내뱉지 못해 스트레스가 쌓여서 온라인에서 그렇게 행동했을 가능성이 있다. 주변 사람에게 화풀이하는 것은 보기가 흉하다고 생각하고, 인내심의 한계를 느끼니 온라인에서 잘못한 대상을 찾아 비난하는 것이다.

불륜 사건 때문에 자취를 감췄던 일본의 유명 연예인 야구치 마리矢口真里가 2016년 3월 말, 닛신日淸 식품의 광고에 오랜만에 등장한 적이 있다. 하지만 거의 일주일 만에 광고가 중단되었다. 광고에 등장하는 표현이 불쾌하다며, 시청자들의 불만이 쇄도해서다.

'오바카 대학OBAKA's UNIVERSITY'이라는 가상의 대학을 설정해 시리즈로 제작하는 컵누들 광고였는데, 위기관리의 전문가인 심리학부 준교수로 나오는 야구치 마리가 학생들에게 "두 마리 토끼를 쫓는 자는 한 마리도 얻지 못한다."라고 말한 표현이 문제가 되었다. 사람들이 야구치 마리의 불륜 문제를 광고 소재로 삼은 것이 불쾌하다며 비난을 퍼부은 것이다.

연예인의 불륜 이야기는 주간지나 정보성 텔레비전 프로그램에서 끊임없이 다루어진다. 그것만으로도 사람들의 관심을 끌어서 판매 부수가 증가하거나 시청률이 상승하기 때문이다. 물론 불륜은 당연히 나쁘다. 하지만 연예인은 일반 상식으로 이해하기 어려운 매우 특수한 환경에 놓일 때가 있고, 연출된 상황에 맞게 행동해야 할 때가 있다. 그러므로 일반 독자나 시청자가 자신들의 가치관에 어긋난다고 해서 그 잣대로 그들의 행동을 따지거나 나무랄 필요는 없다. 무엇보다 현실에서 만날 일도 없고, 자신과는 전혀 인연이 없는 사람들이지 않은가. 그렇게까지 화를 내고 비난해야 할 필요가 있을까?

매체에 보도되는 사람들뿐만 아니라 어떤 잘못을 저지른 유명인을 찾아서 비난하고 끌어내리는 일에 이상하리만치 집착하는 사람이 있다. 특히 유명인의 사적인 이야깃거리를 다루는 잡지 기사나 텔레비전 프로그램 등을 볼 때 그렇다. 윤리적인 문제 때문이 아니라 단지 그들을 공격하려고만 한다는 느낌마저 받는다. 물론 문제의 원인 제공자인 당사자에게 명백한 잘못이 있겠지만, 그 사람을 공격하면서 쾌감을 느끼는 것처럼 보이는 것도 사실이다.

개인적인 울분을 타인에 투영해 발산한다

이번 3장에서는 사람들이 어떤 욕구불만을 가지고 있고, 이것이 어떻게 자기주장만을 앞세우게 하는지, 기업, 사람을 비난하는 행위로 이어지는지 그 심리적 메커니즘에 대해 살펴보았다. 정리하자면, 사람들이 자기주장을 앞세우거나 잘못한 사람을 비난하는 까닭은 평소에 쌓인 욕구불만을 해소하기 위함이다. 일종의 분풀이인 셈이다. 원하는 대로 흘러가지 않는 생활, 생기 없는 자신에 대한 짜증을 잘못이 있다고 생각되는 사람이나 조직을 비난하면서 푼다.

욕구불만–공격 가설의 내용처럼, 사람은 욕구불만 상태에 놓이면 공격적으로 변한다. 바꿔 말하면 공격 충동을 발산하면 욕구불만으로 쌓인 짜증이 어느 정도 해소된다. 누군가를 공격해서 기분을 전환하는 것이다.

자기주장만 내세우거나 기업을 비난하는 사람은 평소 생활에 불만이 많다. 그래서 누군가를 공격해서 후련함을 느끼고 싶어 한다. 하지만 그것을 순순히 인정하면 자신이 보잘것없고 한심하며, 무엇보다도 남들 눈에 흉하게 비추어질 수 있기 때문에 타당한 이유를 찾으려고 한다.

이때 바로 자기 합리화를 하려는 심리적 메커니즘이 작용한다. 단순히 일상이 불만족스럽다고 해서 누군가에게 분풀이를 하는 것은 보기 흉하므로, 자신이 왜 이렇게 공격적으로 행동할 수밖에 없는지 정당한 이유를 찾으려 한다. 그러려면 어떤 잘못을 저지른 사람, 기업, 가게, 공공기관 등의 조직이 필요하다. 그런 대상을 비난하는 것은 사회정의를 구현하는 일이므로 마음 놓고 공격할 수 있기 때문이다.

지금까지 전혀 관심이 없던 사회문제를 놓고 어떤 사람이나 조직을 비난하는 사람이 있다. "이런 정치인은 이해할 수 없다." "이런 기업은 용납하기 어렵다."라는 식으로 사회정의를 내세운다. 그러나 이렇게 비난하는 사람 중에는 평소 생활하면서 쌓인 울분을 무엇이든 공격해서 풀고 싶은 사람이 있을지도 모른다.

질투가 공격하고 싶은 마음에 불을 지핀다

'일본의 정우성'이라 불리는 톱배우이자 인기 가수인 후쿠야마 마사하루福山雅治와 여배우인 후키이시 카즈에吹石—惠의 결혼은 일본에서 큰 화제를 불러일으켰다. 당시 '후쿠야마 로스loss'라는 말이 나올 정도로 후쿠야마의 결혼은 그의 팬들에게 큰 충격을 주었다.

때마침 후쿠야마와 친한 사이인 개그맨 이마다 코지今田耕司가 후쿠야마와의 일화를 공개했다. 요약하면 "후쿠야마가 결혼은 언제 할 것이냐고 걱정해주었다."라는 이야기였는데, 여기서 후쿠야마에 대한 비난 여론이 일어났다. 온라인상에서는 후쿠야마에게 "결혼하더니 갑자기 거만해졌다." "쓸데없는 참견이다."라는 식의 비난이 쇄도했다.

이런 비난은 결혼하고 싶은데 상대를 찾지 못한 사람들이 욱하는 마음에 이마다 코지의 일화를 보고 반응한 것인지도 모른다. 그러나 '후쿠야마 로스'라는 말로 미루어 짐작해보면, 그가 결혼한 사실에 일종의 배신감, 질투심을 느껴 돌아선 팬들의 소행일 수도 있다. 사랑과 미움은 종이 한 장 차이라고 하듯이, 사소한 일로도 마음이 뒤바뀔 수 있기 때문이다.

그를 비난한 이들의 입장에서는 "결혼하자마자 거만해졌다."라고 말하면 괜히 더 괘씸해져 당당히 공격해도 된다는 생각이 들 것이다. 또 질투심 때문에 공격 충동이 일어난 것에 대해서도 정당한 이유를 댈 수 있다. 좋아하는 연예인을 빼앗긴 기분이 드는 것은 이해하지만, 좋아한다면 공격할 것이 아니라 그 사람의 행복을 축복해줄 수도 있는 일이 아닐까.

비슷한 일례로, 아들을 출산한 모델 에비하라 유리蛯原 友里의 일화가 있다. 그녀는 "배 속에 있던 아기가 내 품 안에서 새근새근 잠자고 있는 얼굴을 보고 있으면 굉장히 사랑스럽습니다. 지금껏 맛본 적 없는 행복한 기분에 휩싸일 때도 있고, 큰 울음소리에 놀라기도 하면서 매일 감동합니다."라고 자신의 블로그에 근황을 전했다가 생각지도 못한 공격을 받았다.

"아이를 낳지 않은 여성은 행복해지지 않는다는 말인가?" "아이를 낳자마자 낳지 않은 여성을 비하하기 시작했다."라는 식으로 사람들이 그녀를 비판한 것이다. 이런 비난의 이면에도 시샘하는 감정이 있다고 볼 수 있는데, 다만 이렇게 글까지 쓸 정도면 단순한 질투보다 좀 더 복잡한 내면의 감정이 뒤엉켜 있는 듯하다.

"아기를 안은 채 바라보고 있으면 행복한 기분이 든다."라는 말에서 "아이를 낳지 않은 여성은 행복해질 수 없다."라는 의미를 읽어내는 것은 지나치게 공격적이다. 여기에는 비판하는 사람의 내면에 있는 부정적인 생각이 강하게 투영되었다고 볼 수 있다.

규칙을 방패로 삼아 타인의 행동을 제지하려 할 때, 아무리 올바른 주장을 할 목적이라도 마음속 깊은 곳에 있는 질투 심리가 작동할 수 있다. 융통성 없이 규칙을 지키면서 자신을 보호하려는 사람의 눈에 거슬리는 것은 규칙에 얽매이지 않고 창의적으로 궁리하면서 적극적으로 움직이는 사람이다. 그렇게 자유롭게 움직이고 성과를 내는 유능한 인물이 앞에 있으면 규칙을 지키려고만 하는 자신이 무능하게 비치는 것 같아서 기분이 언짢아진다. 그래서 자신과 상반된 모습으로 일하는 사람에게 질투나 반감을 느끼게 되는 것이다.

이럴 때 그들은 자유롭게 일하는 상대에게 세세한 규칙을 앞세우며 어떻게든 상대의 행동을 제지하려고 적극적으로 나선다. 실질적으로 어떤 지장이 없는 경우라도 규칙을 들어 방해하려고 하거나 아주 사소한 위반도 큰일로 부풀려서 경위서를 쓰게 한다.

누군가를 질투해서 비판할 때는 자기보다 우위에 있다고 생각하는 사람을 끌어내리고 싶어 하는 심리가 작용한다. 우수한 사람, 성과를 내는 사람, 주변에서 신뢰받는 사람, 그런 사람을 보면서 '나는 절대 그렇게 될 수 없다.'라고 느낄 때 누구라도 질투심이 일어날 수 있다.

하지만 그다음 어떻게 마음을 먹고 행동할 것인지는 사람에 따라 다르다. 자신도 그 사람 못지않게 열심히 하겠다고 다짐하는 사람이 있을 것이고, 그를 비난하거나 비방해서 끌어내리려고 하는 사람도 있을 것이다. 자신이 올라가는 일로 차이를 좁힐 수 있지만 상대를 끌어내리는 일로도 차이를 좁힐 수 있기 때문이다. 그중 어느 쪽을 택할지는 자신에게 달려 있다.

의욕이 높은 사람은 상대를 끌어내리기보다 자신이 올라가려고 한다. 상대가 자신을 얕잡아봐서 분한 마음이 들지라도, 상대를 비판해서 끌어내리려고 하기보다 자신도 분발해서 필사적으로 그 차이를 좁히려고 한다.

한편 의욕이 부족한 사람은 상대를 끌어내리고 싶다는 마음에 휘둘리기 쉽다. 자신이 올라가려는 기력이 부족하기 때문이다. 그들은 스스로 힘을 북돋으려고 노력하지 않는다. 그대신 "우쭐대고 있네." "다른 사람을 얕잡아보는 거야?"라는 식으로 비판해서 상대의 가치를 깎아내리는 일로 차이를 좁히려고 한다.

정의의 가면을 쓴 샤덴프로이데

누군가를 비판하는 까닭은 상대의 언행을 용납하기가 어려워서이며, 이때 상대를 비판하는 일이 옳다고 믿는다. 그러나 냉정하게 따지면 주변 사람들의 눈에는 질투 때문에 말꼬리를 잡고 늘어지는 것처럼 보일 때가 있다.

앞서 언급한 에비하라 유리의 사례가 그렇다. 자신이 낳은 아들을 보며 행복하다는 사람에게 "아이를 낳지 않은 여성은 행복하지 않다는 말인가?" "아이를 낳자마자 낳지 않은 여성을 비하하기 시작했다."라는 비판은 어떻게 봐도 트집을 잡는 것처럼 보인다. 그녀에 대한 질투심 때문에, 에비하라 유리를 비난하면서 자신과의 차이를 줄이려는 것처럼 보인다.

사실 질투하는 마음은 누구나 마음속에 가지고 있다. 그러나 더 심각해지면, 타인의 행복을 용납할 수 없어 하는 심리에 빠지기도 한다. 자신의 행복보다 타인의 불행을 원하고, 타인이 불행해지면 기뻐하는 것이다. 말하자면 타인의 불행을 더 달콤하게 느끼는 심리인데, 이것을 독일어로 '샤덴프로이데schadenfreude'라고 한다.

사람들은 결코 자신이 타인의 불행을 보고 기뻐한다고 생각하지 않는다. 타인의 불행에 기뻐하는 것은 윤리적으로 용납할 수 없는 못된 마음이기 때문이다. 그래서 누구도 자신에게 그런 심리가 있다고 인정하려 하지 않는다.

하지만 타인의 불행을 보고 기뻐하는 마음이 정말로 없다고 단정할 수 있는가? 불륜이나 이혼 문제로 비난받는 사람, 표절 의혹으로 비난받는 사람, 학력 사칭으로 비난받는 사람, 실언으로 비난받는 사람…. 텔레비전이나 잡지에서 그런 사람들에 관한 보도를 흥분된 기색으로 보는 사람들이 있다.

연예인의 스캔들 기사가 실린 잡지가 잘 팔리는 데에는 이유가 있지 않을까. 무심코 타인의 불행을 보고 기뻐하는 못된 심리가 많은 사람의 마음속에 잠재되어 있다는 증거라고 할 수 있다.

'샤덴프로이데'에 관한 연구에 따르면 그런 심리가 작용할 때의 조건들이 있다. 첫째, 불행한 일을 당한 책임이 당사자에게 있다고 여겨질 때다. 불행한 일을 당한 것은 가엾지만, 자업자득이라고 생각할 때 사람들은 기뻐하거나 고소해한다. 만약 당사자에게 책임이 없고 운이 나빠 불행한 일을 당했는데,

이를 두고 고소하다며 공격하는 심술궂은 사람은 별로 없다.

둘째, 그 불행의 정도가 그다지 심각하지 않을 때다. 병이나 사고 등 불행의 정도가 매우 심각하다면, '샤덴프로이데'가 발생하기 어렵다. 보통은 질투하는 대상이 불행할 때 무심코 고소하다고 생각하는데, 그런 상대조차도 병에 걸리거나 사고를 당하는 등 심각한 불행을 겪으면, 그렇게까지 냉혹하게 생각하지 않는다. 하지만 성적 부진이나 실연 등 누구나 경험할 만한 사건에 대해서는 '샤덴프로이데'가 쉽게 발생한다.

셋째, 타깃이 되는 사람의 사회적 지위가 높을수록 '샤덴프로이데'가 쉽게 발생한다. 여기서 사회적 지위가 높다는 것은 유명인뿐만 아니라 자기보다 우위에 선 주변 인물도 포함된다. 가령 경제적으로 유복하고, 학력이 높으며, 학벌이 좋고, 유명하거나 사회적 지위가 높은 인물일수록 샤덴프로이데가 쉽게 발생하는 것이다. 우리는 상대가 나보다 유리한 입장에 놓여 있을 때 질투를 느끼기가 쉬운데, 이 질투의 감정이 샤덴프로이데를 불러일으키는 중요한 요인이라고 할 수 있다.

유명인을 비난하면 텔레비전 시청률이 올라가고, 잡지가 잘 팔리는 것도 타깃이 되는 사람이 사회적으로 지위가 높아서 사람들의 샤덴프로이데 심리를 자극하기 때문이다. 자신보다 압도적으로 우위에 선 사람이 비난받거나 궁지에 몰리는 것을 보고 막힌 가슴이 쑥 내려가듯이 후련해지는 것이다.

유명인뿐만 아니라 자기보다 학벌이 높은 친구나 동료, 자기보다 인기 많은 친구나 동료, 회사에서 자기보다 출세하거나 활약하는 동료, 자기보다 유복하게 살아가거나 외모가 매력적이라서 대적할 수 없는 주변 사람에게도 우리는 같은 감정을 느낀다.

샤덴프로이데를 생기게 하는 주요한 요인이 질투라고 했다. 자기보다 우위에 서 있어서 질투하던 상대에게 불행이 닥쳐 그 우위성이 흔들리면 고소하다고 느끼는데, 이는 특히 동성의 경우에 더 두드러진다. 왜냐하면 비교 의식 때문에 더 자극을 받아서다.

또한 자존감이 낮아 불안정한 사람일수록 질투를 쉽게 느낀다는 보고가 있는데, 그것이 샤덴프로이데로 연결되기도 한다. 자존감이 높으면 자기보다 뛰어난 타인을 보고 질투해도 그 상대에게 불행이 닥치면 고소하다고 느끼는 마음이 억제된다. 샤덴프로이데를 잘 느끼지 않는 것이다. 결국 샤덴프로이데가 자존감을 떨어뜨리기도 하고, 자존감이 낮은 사람일수록 샤덴프로이데를 더욱 잘 느낀다. 그렇게 악순환을 반복한다.

타인의 불행에 대하여 기뻐하는 것은 부끄러운 일이다. 무턱대고 타인을 질투하고 싶지도 않다. 그래도 역시 질투가 나서 어쩔 수 없다. 그럴 때 자기주장을 앞세우는 사람들은 어떻게 할까? 무리해서 상대를 나쁜 사람으로 만들려고 한다. 일종의 대의명분이 필요한 셈이다.

그렇게 하려는 까닭은, 질투가 나는 사람이 잘못을 저지르지도 않았는데, 그의 불행을 가지고 따지거나 몰아세우는 것은 굉장히 보기 흉하다고 생각하기 때문이다. 그런 한심한 자신을 인정하고 싶지 않다. 그래서 상대의 잘못을 찾으려고 하고, 공격하는 것이다. 그래야 비판하는 자신이 당당해지기 때문이다. 상대에게 비판받아야 할 잘못이 있다는 것만큼 자신의 공격성을 정당화할 수 있는 대의명분이 또 있을까?

만약 상대에게서 이렇다 할 잘못을 찾지 못하면 공격 대상을 옮기기도 한다. 가령 온라인상에서 잘못을 저지른 유명인을 공격하는 사람들이 그런 경우다. 그들은 정의로움을 방패

로 삼고 있지만, 사실 엄밀히 따지면 그들에게는 어떤 문제이
든, 상대가 누구든 상관없다. 정당한 이유를 내세워 자신의 언
짢은 기분을 발산하고 싶은 것이다. 그래서 온라인상에 떠도
는 정보에 눈을 번뜩이며 공격 충동을 발산할 기회를 엿본다.

연예인의 스캔들 보도에 흥분하는 기색으로 눈을 빛내는 사
람도 마찬가지다. 정말 정의감에 사로잡혀 그런 행동을 할 수
도 있지만, 사실은 정의의 가면을 쓴 샤덴프로이데 심리로 움
직이고 있는 것일 수도 있다.

그것이 아니라면 자신과 아무 연관도 없는 인물에 대해 어째
서 그렇게까지 화를 낼 수 있을까? 컴퓨터 앞에서 필사적으로
검색하게 만드는 그 원동력은 무엇일까?

이들은 회사에서 일할 때보다 더 열심히 타인의 잘못을 들
춰내는 작업에 몰두한다. 유명인을 비난하는 일이라면 이상
할 정도로 집념을 불태운다. 그리고 그 일에 큰 기쁨을 느낀
다. 이는 어떤 윤리관으로 움직인다기보다 그야말로 비난하
는 일에 쾌감을 느끼는 것이다.

자신에게 쌓인 스트레스를 발산하기 위해 잘못을 저지른
인물을 비난한다. 그의 잘못을 지적함으로 인해 비난하는 자

신에게 화살이 돌아오지 않도록 한다. 이는 겉으로는 정의로움 때문에 움직이는 듯하지만, 결국 그 이면에는 누군가를 공격함으로써 얻는 쾌감이 존재한다. 정의를 가장해서 자신의 기분전환을 꾀하는 것이다.

"우쭐대는 거야?"
"잘난 척하기는, 재수 없어!"

누구나 마음속에 질투심이 있다.
그 마음이 자꾸만 자기보다 우위에
있다고 생각하는 사람을
끌어내리고 싶어 한다.

"그거 참 쌤통이다!"
"그러다가 큰코다치지!"

그러다가 잘난 상대가 불행해지면
고소하다거나 당할 만하다고
생각한다.

정의를 비웃는

정의감의 역설

승자와 패자라는 이분법

잘못을 바로잡고 올바른 도리를 지키기 위한 모든 행동은 장려되어야 한다. 이는 결코 비난받을 일이 아니다.

그러나 여기에서 문제가 되는 것은 상대의 사정은 전혀 고려하지 않은 채 일방적으로 자기주장만 내세우며 상대를 비난하거나 공격하는 행동이다.

이렇게 극단적이고 공격적으로 행동하는 사람들의 심리에는 욕구불만과 불공평하다는 생각이 있다는 것을 3장에서 살펴보았다.

욕구불만과 불공평하다는 감정을 일으키는 요인 중 하나로 패배자 의식이 있다. '누구는 경제력과 권력을 휘두르며 하고 싶은 대로 하는데, 나는 아무리 땀 흘리며 필사적으로 일해봐야 이 상황에서 벗어날 수 없다.' 이런 생각을 할 때 우리는 불공평하다고 느낀다. 그런 의식이 있으면 '나는 어차피 패배자다.'라며 의욕이 사라지고 불만이 쌓인다.

애초에 모든 일에서 승자와 패자를 가르는 이분법적 사고 자체가 이러한 불만과 불공평하다는 감정을 낳는 근원이다. 실제 능력에 별 차이가 없고 조금만 더 끈기 있게 노력하면 비슷한 성과를 낼 수 있더라도 승자와 패자로 구분하는 생각이 머릿속에 있으면 쉽게 포기하고 두 손을 들어버린다. '어차피 저쪽은 승자 그룹이고 나는 패자 그룹에 속하니까.'라고 생각하기 때문이다.

학력 차이가 월등해서 처음에는 절대 대적할 수 없는 상대라고 해도 성실하게 일해서 실력을 쌓다 보면 대등하게 승부할 수 있다. 그러나 이때 승자와 패자로 구분 지어 생각하면 '어차피 나는 패자이니까.'라며 처음부터 포기해버리고 만다. 그러다가 미련이 남으면 그 감정이 질투로 바뀐다. 그리고 결국에는 이 질투가 승자의 발목을 잡아서 어떻게든 끌어내리고 싶다는 충동을 일으키게 한다.

'누구는 권력을 휘두르며
떵떵거리고 사는데,
나는 아무리 필사적으로 살아봐야
소용이 없다.'
이런 패배자 의식은
사람을 무기력하게 만들고
질투심에 휩싸이게 만든다.
그리고 승자이자 권력을 움켜쥔 자를
끌어내리고 싶게 만든다.

바르게 하기보다 무조건
잘하기를 바라는 사회

최근에 젊은이들과 이야기를 하다 보면 사회의 모순에 의문을 품거나 기성세대의 윤리관 결여에 비판적 태도를 보이기보다 그런 사회나 윗세대를 당연하게 받아들이는 듯한 모습을 본다. 오히려 그들이 만들어놓은 사회를 비판하기보다는 그곳에 제대로 편입하여 그들과 잘 지내보고 싶어 한다는 생각이 강하게 든다.

"조직에 제대로 적응하는, 쓸 만한 인재가 되고 싶다." "좋은 자리를 얻기 위해 인맥 관리에 힘쓰고 싶다."라는 식으로 말하는 것만 봐도 그렇다. 물론 타인에게 도움이 되고 싶다는 젊은이가 많은 것도 사실이지만, '이기적인 조직의 톱니바퀴가 되는 것은 싫다.' '오로지 영리만 추구하며 일하는 것은 보기 흉하다.'라는 의식은 예전만 못한 것 같다.

이런 젊은이들이 눈에 띄는 까닭은 아무래도 사회 분위기 때문인 듯하다. 지금 사회 전체가 '올바르게 하기'보다 '능숙하게 잘하기'에 좀 더 가치를 두고 있다. 그래서 자신들이 생각하는 이상을 좇기보다 현실을 받아들이는 쪽으로 마음을 바꾼 것이다.

이런 식으로 사회가 돌아가다 보니 정치 세계에서는 옳고 그름이 통하지 않고, 권력을 쥔 사람은 아무리 비열한 수를 쓰더라도 원하는 것을 얻는다. 기업들이 윤리적으로 어긋나는 일을 해도 돈이 많으면 이기게 되어 있다.

그래서 이런 풍조를 비판하는 사람뿐만 아니라 열심히 해도 뜻대로 안 돼 절망하는 사람들이 잘나가는 사람들의 비열함이나 비윤리적인 모습을 비난하고 싶은 생각에 사로잡히는 듯하다. 사람들이 자기만의 정의를 내세우거나 조직을 비난하는 데에는 이런 시대 분위기도 작용한 것 같다.

약육강식 세계화에 따라 무너지는 윤리관

매사를 이상적으로 생각하는 사람은 세계화라고 하면 지구상의 인류 전체가 국경을 넘어서 서로 협력하고 사이좋게 지내는 이미지를 떠올린다. 그러나 실제로 진행 중인 세계화는 미국을 중심으로 한 글로벌 기업이 국경의 벽을 무너뜨리고 전 세계에서 이익을 얻으려는 움직임에 가깝다.

그 근거가 바로 규제 완화다. 글로벌 기업은 각 지역의 고유한 제도나 습관, 규제를 타파하고 모든 문화권에 들어가서 마구 착취할 요량으로 규제 완화를 요구한다. 규제가 만들어짐으로써 안정된 사회질서가 유지되는 법인데 어떻게든 규제를 완화하는 것이 좋다는 식으로 국민에게 조작된 인상을 심으려고 한다.

국가가 규제 완화를 잇달아 내세우는 것은 이런 글로벌 기업 같은 영리 집단과 손을 잡고 세계적으로 돈을 벌려는 의도가 있거나 그런 의도가 있는 타국의 요구에 굴복했다고 할 수 있다. 만약 이런 식으로 가다가 규제가 없어지면 모두가 욕망대로 움직여 약육강식의 전국시대처럼 될 것이다.

그런 사회에서는 돈 많은 사람이 이긴다는 가치관이 지배적이다. 이런저런 방법을 동원해서 착취하는 것은 비난받아야 할 일이 아니며 그것이야말로 승리자의 철칙이라는 분위기가 형성된다. 교묘하게 수를 써 상대를 앞질러 가는 전략적인 사고가 유행하기도 한다. 그야말로 윤리관의 붕괴라고 할 수 있다.

본래 일본 사회에서는 그런 방식을 보기 흉하다고 부정해 왔다. 그래서 당연히 서구의 영리 추구에 강한 불신감을 안고 있었다.

미국의 문화인류학자 루스 베네딕트Ruth Benedict가 쓴 《국화와 칼》은 일본인을 연구한 책으로 널리 알려져 있다. 그러나 이 책이 〈일본인의 행동 패턴〉이라는 보고서를 토대로 쓰였다는 사실은 거의 알려져 있지 않다. 이것은 미국 전시정보국의 발안으로 베네딕트가 작성했던 보고서로, 1945년 5월에 쓰기 시작해서 8월, 원폭이 투하되기 직전에 완성되었다고 한다.

1944년 4월, 전시정보국은 동아시아 지역의 일본을 담당하는 부서 내에 작은 연구반을 설치했다. 연구반의 목적은 일본인의 전의가 왜 강한지, 어디에 틈이 있는지, 어떤 심리 작전이 효과적인지 등 일본의 군대와 일본 국민의 국민성을 연구해 그것을 억눌러 공격할 방법을 제안하는 일이었다.

그러다가 전쟁 종결이 다가오자 전쟁 후의 복구 준비에 들어갔고, 같은 해 12월에 일본 문화를 연구한 보고서가 필요하다는 요구에 따라 전시정보국에 근무하던 베네딕트가 그 일을 맡게 되었다. 이렇게 작성된 보고서에는 다음과 같은 기술이 있다.

"일본인의 기준에 의하면 자기중심적인 사람은 아무리 거짓 없이 이윤을 추구한다고 해도 성심誠이 없다."

"일본의 국회가 어떤 의원에게 국회를 모욕하고 있다고 비난한다면 그것은 성심이 없다고 타박하는 것과 같은 뜻이다. 이때 이 의원이 거짓 없는 신념을 표명하고 있는지 아닌지는 문제가 되지 않는다. 이러한 비난에 담긴 의미는 그 의원이 일본의 기준에 맞게 국회에 경의를 보이지 않고 사리사욕을 위해서 행동한다는 점을 지적하는 것이다."

"예를 들어 성심이 있는 인물은 이기적이지 않다는 말인데 일본에서 전통적으로 영리 추구가 비난받는다는 것을 반영하고 있다."

"일본어에서 성심이라는 말이 이렇게 사용되는 것을 보면, 서양의 나라들이 성심이 없다는 일본 외교관의 상투적인 비난은 미국이나 영국이 본심과는 다른 행동을 한다고 비난하는 것을 의미하는 게 아니다. 또한 위선적이라고 말하는 것도 아니다. (중략) 여기에서 성심이 없다는 일본인의 발언은 서양의 여러 나라가 착취하는 것을 비난하거나 일본에 적절한 경의를 보이지 않는다고 돌려 말하는 것이다."[12]

결국 여기에서 말하는 것을 정리하자면 다음과 같다. 일본에서는 아무리 거짓 없이 이윤을 추구해도 자기중심적인 인물일 경우 성심이 없다는 말을 듣는다. 일본에서는 거짓 없는 신념을 표명해도 사리사욕을 챙기려고 하면 비난받는다. 일본에서 성심이 있다고 불리는 인물은 이기적이지 않다. 일본의 외교관은 서양의 여러 나라가 성심이 없다고 비난한다. 그러나 그것은 미국이나 영국이 본심과 다른 행동을 하고 있다고 비난하는 것이 아니라 착취하는 것을 비난하는 것이다.

일본인의 심리를 연구한 베네딕트의 보고서를 읽어보면 오히려 미국적 사고방식을 엿볼 수 있다. 자신의 목적이 사리사욕에 물들어 상대 국가에서 착취하는 일이라고 해도 영리를 추구하는 행위라면 정당하며, 신념으로 일관된 행동이라면 정당화된다는 것이다. 그 보고서의 내용에는 강압적인 행위

---

12 루스 베네딕트 저, 후쿠이 나나코 옮김, 《일본인의 행동 패턴(日本人の行動パターン)》, NHK 출판사, 1997년 4월.

는 상스러우며, 착취하는 것은 부끄러운 일이라는 감정이 없다. 자신의 신념을 밀어붙이라는 미국의 '자기중심 문화'와 상대의 입장과 생각을 배려하라는 일본의 '관계 중심 문화'가 지닌 윤리관의 차이가 여기에서 여실히 드러난다.

현재 진행 중인 세계화는 관계를 중시하는 일본의 윤리관을 무너뜨리기 시작했고, 사회에는 돈이 많은 사람이 이긴다는 분위기가 퍼져 있다. 그리고 이것이 많은 사람의 불만과 분노를 자아내고 있다.

정의를 비웃는 정치인

내 학생 시절에는 '정치인은 필요악이고, 추악한 생명체다. 그들은 모두 이권과 연결되어 있다. 그렇게 행동하지 않으면 버티지 못하고 높은 지위에 올라가지 못하나 보다. 정치라는 추악한 세계에는 절대로 발을 들이고 싶지 않다.'라고 생각하는 분위기가 있었다.

"기억나지 않습니다."

"그렇게 판단한 적은 없습니다."

어디서 많이 들어보지 않았는가? 국민이라면 누구나 정치인들의 이런 단골 멘트를 자주 들었을 것이다. 그리고 최근에는 이런 말을 들을 기회가 더 많아졌다. 이런 말들은 보통 책임을 회피하려고 거짓말을 할 때 쓰는 상투적인 표현이다. 이런 말을 내뱉는 순간 이미 매우 수상쩍고, 시치미를 떼는 것이 훤히 보인다.

만약 정말로 하지 않았거나 말한 적이 없다면 "그런 일은 하지 않았습니다." "그런 일은 없었습니다." "그런 말은 한 적이 없습니다."라고 말하면 된다. 그렇게 말하지 않고 "기억나지 않습니다." "그렇게 판단한 적은 없습니다."라고 말하는 까닭이 무엇이겠는가.

한번은 국회 중계에서 어느 정치인이 "그런 발언을 하지 않았습니까?"라는 질문에 "그런 지시는 하지 않았습니다."라고 대답하는 모습을 본 적이 있다. 질문자가 "지시가 아니라 당신은 그런 발언을 하지 않았습니까?"라고 재차 물어보자 그 정치인은 "그런 지시는 일절 하지 않았습니다."라고 단호히 대답했다.

"기억이 나질 않습니다."
"저는 그런 지시를 내린 적이
없습니다."

정치인들의 이런 발언을 들으면
분통이 터진다.
이렇게 정의가 유린당하고
법망을 교묘히 빠져나가는 이들이
더 잘사는 분위기가 자꾸만
우리를 절망에 빠뜨리고
분노에 휩싸이게 만든다.

이 엇갈린 대화에서 무엇이 읽히는가.

그 정치인은 이미 '그런 발언을 했다.'라고 자백한 것과 같다. 그렇게까지 끈질기게 빗나가는 대답을 해야 하는 이유가 무엇이겠는가. 발언했다고 대답하기는 곤란하고, 발언하지 않았다고 하면 위증이 되기 때문이다.

거짓을 들키거나 부정한 일이 공론화되었을 때 관계자가 "전혀 문제없습니다."라는 식으로 대답하는 모습을 본 적이 있다. 이 역시 당사자 측이 판단할 일이 아니며, 오히려 어떻게든 은폐하고 싶다는 의사가 노골적으로 드러난다.

사람들은 이런 정치인들이 국가를 움직인다고 생각하면, 마음속에 욕구불만으로 생성된 원초적인 분노가 끓어오르는 듯하다.

정치인의 사소한 실언에 왜 그렇게 과민반응을 하냐며 정의를 앞세워 비판하는 사람들을 부정적으로 보는 의견도 있지만, 사실 정의를 밀어붙이는 사람들의 그런 행동의 배후에는 이 국가에 더 이상 정의는 없다는 절망감이 존재해서일지도 모른다.

정의를 무시하는 기업가

식품의 원산지나 유통기한의 위조, 폐기해야 할 식품의 재사용, 건축물의 구조 계획서 위조, 근로기준법에 명백히 반하는 노동조건의 강압 등 경영자의 윤리관을 의심할 수밖에 없는 사례가 끊임없이 발각되어 미디어를 떠들썩하게 한다.

그런 보도를 볼 때마다 많은 기업이 '들키지 않으면 된다.'라고 믿는 게 아닐까 의심스럽다. 그런 법에 위반되는 사례만이 아니라 '법에 걸리지 않으면 된다.'라는 생각으로 소비자를 농락하는 상업 활동이 당당히 행해지고 있어서다. 영리기업의 입장에서는 별로 나쁜 일이 아니라고 생각하겠지만, 세상에 악영향을 주는 상업 활동도 있다.

가령 스마트폰이나 컴퓨터로 하는 게임이 그렇다. 이런 게임이 아이들의 지적 발달이나 충동 조절 같은 인격 발달에 악영향을 준다는 것이 다방면에서 지적되고 있다. 그뿐만 아니라 사용 요금에 따른 문제도 지적되고 있다. 하지만 게임 회사 직원에게 그런 이야기를 하면 이렇게 대답한다.

"문제가 기론되는 것은 알고 있어요. 하지만 저희도 자선사업을 하는 게 아니잖아요. 영리기업이니까 이해해주세요."

"소비자는 바보가 아니니까 현명하게 사용할 것이라고 믿습니다."

이 게임 회사 직원이야 조직의 일원이니 개인적으로는 반대해도 대외적으로는 이렇게 말할 수밖에 없을 것이다. 그러나 문제는 게임 업계뿐 아니라 많은 기업이 이렇듯 영리 추구가 전부인마냥, 돈 많은 사람이 이긴다는 발상으로 움직이고 있다는 것이다.

그런 시대의 풍조에 위화감을 느끼는 사람들은 아무리 정당한 의견을 주장해도 이러한 기업의 움직임을 멈출 수 없다는 자신의 무력함에 조바심이 난다. 그리고 어딘가에 분노를 표출하고 싶은 충동에 사로잡힌다.

정의를 좇는 사람을 오히려
야유하는 분위기

그런데 이렇게 당당하게 부정을 저지르고 교육이나 건강에 악영향을 주는 행위나 상품이 만연한 현실에 분노하는 사람들을 보고 오히려 "어른스럽지 않다." "미숙하다."라고 지적한다. 사회의 움직임에 영합하고 세상살이에 닳고 닳은 사람들이 그런 반응을 보이는 것이다.

이런 말은 윤리관의 붕괴에 제동을 가하지 않고, 현재 상황을 무엇이든 용인하려는 것처럼 읽힌다. 이렇게 되면 사회 전체가 돈 많은 사람이 이긴다는 발상으로 오염되고, 사회는 퇴화할 뿐 좋은 방향으로 나아가지 못하게 된다.

이런 무사 안일주의가 주를 이루는 세태에 염증을 느끼는 사람들은 어떤 계기가 생기면 정의를 주장하려는 마음의 준비가 되어 있다.

주변 사람들은 이들을 보고 '어째서 그런 일에 정의를 주장하는 거야?' '그렇게까지 화낼 일이 아닌데.'라고 생각할지도 모른다. 그러나 사소한 일에 정의를 앞세워 비판하는 사람들의 마음속에는 무신경한 사회에 대해 느끼는 혐오감과 정의를 좇는 사람을 야유하는 시대의 분위기에 반발하고자 하는 마음이 뒤엉켜 있다.

수치심과 부러움

살아가기 위해 어쩔 수 없이 불의에 눈감거나 불현듯 떠오르는 의문이나 마음속에 소용돌이치는 갈등은 접어두고 일단 눈앞의 일에 몰두해야 하는 때도 있다.

이런 상황에 놓인 사람들은 회사의 방침에 의문이 생겨도 아무것도 생각하지 않으려고 한다. 상사가 내린 지시가 이상해도 자신을 지키기 위해 아무 말도 하지 않고 따른다. 불합리한 처우를 받는 사람을 보고 이런 일이 있어서는 안 된다고 동정심을 품으면서도 외면하고 아무 도움도 주려고 하지 않는다. 그러면서 한편으로는 그런 자신을 수치스럽게 느낀다.

그런데 이때 회사의 방침이나 상사의 의견에 의문을 제기하거나 회의에서 반론을 제시하는 사람이 나타난다. 불합리한 처우를 받는 사람을 내버려 두지 못하고 상사에게 직접 호소하기도 한다. 그런 이를 보면 자신의 생각을 대변해준 것처럼 후련해지면서도 그렇게 하지 못하는 자신이 한심해진다. 그러다가 용기 있게 올바른 일을 주장하던 사람이 미움받고 배척당하는 것을 목격하게 되면 응원하지도, 도와주지도 못한다. 또다시 외면하고 만다.

　이들은 그런 자신에게 느끼는 한심함, 정의를 주장하지 못하는 데에서 오는 수치심, 신념을 굽히지 않는 사람에게 느끼는 부러움의 감정들이 복잡하게 얽혀서 자기혐오에 빠지게 된다. 그러다가 '이대로는 안 된다.'라고 생각하게 된다. 그래서 사회문제에 분노하거나 인터넷상에서 정의를 주장하기도 하고, 무언가 잘못한 사람을 비판하게 되는 것이다. 정의를 밀어붙이는 사람의 마음속에는 이런 생각들이 자리하고 있다.

정의를 좇는 인물을 깎아내리고 싶은 마음

　이렇게 수치심이나 부러움을 느껴서 자신도 정의를 주장하게 되는 사람이 있는 반면에 정당하게 주장하는 사람에게 격한 공격성을 드러내는 사람도 있다. 정당하게 의견을 주장하는 사람들은 그것이 당연하다고 생각해 냉철하게 말하는데, 이에 대해 이상하게 감정적으로 반발하는 사람들이 있다.

　예를 들어 어떤 학생이 대학 도서관에 전문서가 부족해서 수업에 참고할 만한 책이 마을 도서관보다 적다며 불만을 토로했다고 하자. 혹은 실험 실습에 쓸 기구가 너무 적으니 다른 대학만큼 확충했으면 좋겠다는 제안을 했다면 어떨까. 마침 그 의견을 들은 교수가 도서나 기구를 보충해달라고 제안했는데, 이 교수를 향해 "학생들의 인기를 얻으려고 하는 거군." "대학에서 월급을 받는 주제에 학생 편에 서는 거야?"라는 엉뚱한 비판이 불거진다면 어떻겠는가.

누구라도 납득할 수 있는 정당한 주장을 놓고 어째서 이런 감정적인 반발이 나오는 것일까? 그것은 정당한 의견을 주장하는 사람을 보며 올바른 일을 이야기하지 않는 자신을 보잘것없다고 느끼거나 '쓸데없는 말을 해서 윗사람의 눈 밖에 나면 큰일이다.'라고 생각하기 때문이다.

이런 사람은 올바른 일도 말하려 하지 않고 오로지 제 몸 지키기에 급급하다. 또 이런 사람에게 당당하고 정당하게 의견을 제시하는 사람은 분명 눈엣가시일 것이다. 그래서 정당한 일을 주장하는 사람을 비방하게 된다. 그 이면에는 질투심이 도사리고 있다.

올바른 정의를 주장하는 사람을 외면하고 대세에 따르는 자신에게 수치심과 부끄러움을 느낄 때가 있다. 그래서 보이지 않는 곳에서라도 잘못을 저지른 사람을 맹렬히 비판하여 자신의 수치심을 씻어내고 싶은 충동에 빠진다. 그런데 이때 잘못된 방향으로 나아가면, 정당한 주장을 내세우는 사람들을 비방하여 자기합리화를 하려는 위험한 사람이 될 수 있다.

정의를
밀어붙이는

위험한 사람의
특징

자신의 가치 판단을 절대시한다

정의를 밀어붙이는 사람은 결코 자신이 자기주장만 내세운다고 생각하지 않는다. 당연히 해야 할 일, 올바른 일을 주장하고 있다고 생각한다. 자신이 무조건 옳다고 생각하므로 밀어붙인다는 생각 자체가 없다.

어째서 그렇게까지 자신의 가치 판단을 무조건 믿을 수 있을까? 그것은 2장에서 설명했듯이 인지 복잡성이 낮기 때문이다. 즉 매사를 여러 측면에서 보지 못하고 하나의 관점으로 보는 데 집착하므로 자신의 관점만 무조건 옳다고 보는 것이다.

인지 복잡성이 높으면 자신의 생각이 옳다고 믿더라도 '잠깐만, 다른 방법이 있을지도 몰라. 조금 더 여러 각도에서 생각해보자.'라며 신중해진다. 그리고 다른 생각을 주장하는 사람이 있으면 '역시, 그런 관점도 있을 수 있지.'라고 공감한다.

하지만 인지 복잡성이 낮으면 사람마다 다른 관점에서 다른 방식으로 생각할 수도 있다는 발상 자체를 하지 못한다.

자신의 관점 이외의 다른 관점은 상상할 수도 없다. 그래서 자신의 가치 판단을 절대시하고 자신과 다른 사고방식을 지닌 사람이 있으면 "그건 틀렸어."라며 공격하려고 한다.

타인의 입장과 기분은 알고 싶지 않아

무엇이 옳고, 무엇이 옳지 않을까? 그 근거는 입장에 따라 달라진다. 가령 노사 교섭을 할 때 회사 측에는 경영자의 논리가 있고, 노동자 측에는 급여 생활자의 논리가 있다. 물건을 파는 사람에게는 영리를 추구하기 위해 상업 활동을 하는 사람의 논리가 있고, 물건을 사는 사람에게는 절약 등 생활을 꾸리는 사람의 논리가 있다.

남편에게는 남편의 논리가 있고, 아내에게는 아내의 논리가 있다. 전업주부에게는 가사나 육아에 전념하는 사람의 논리가 있고, 일하는 여성에게는 집안일과 회사 일을 병행하느라 고민하는 사람의 논리가 있다.

입장이 다르면 대상을 보는 관점이 달라진다. 또한 사건에 따라 느끼는 기분도 다르다. 예를 들어 자신이 자동차를 운전할 때는 신호에 걸리면 짜증이 나지만, 자신이 보행자일 때는 신호를 무시하는 운전자를 보면 화가 치민다. 자신이 보행자인 경우에는 '횡단보도를 건널 때 보행자가 우선이지.'라며 천천히 걸어서 건너지만, 버스를 타고 가다가 천천히 횡단하는 보행자 때문에 시간을 빼앗기면 '빨리 건너라, 이 느림보야!'라고 마음속으로 투덜거리게 된다.

그러므로 타인의 언행에 화가 나서 "그건 이상하지."라고 말하고 싶어질 때는 상대의 입장이나 기분을 상상해볼 필요가 있다. 자신은 납득이 되지 않는 주장이더라도 상대에게는 그만한 사정이 있을지 모른다.

그러나 정의를 밀어붙이는 사람은 상대의 입장과 기분을 헤아리지 못한다. 그래서 상대가 자신의 생각과 다른 일을 주장하거나 자신의 주장이 상대에게 통하지 않으면 "그건 이상하네." "있을 수 없는 일이야."라고 격분한다.

우리 주변에서 흔히 볼 수 있는 단순한 사례를 보자. 어떤 사람이 전철이나 버스를 탔는데, 자기 옆자리에 짐을 둔 채 자고 있다. 그런 그를 보고 누군가 소리를 지르며 짐을 치우게 하고 앉는다고 하자. 화낸 사람의 입장에서는 사람이 많고 앞에 서 있는 사람이 있는데도 태연하게 옆자리까지 차지한 그의 비상식적인 행위에 화가 날 수도 있다. 하지만 만약 그 사람이 앉았을 때 전철 안이 텅텅 비어 있어서 옆자리에 짐을 둔 것이라면? 그러다가 짐을 놔둔 채로 잠이 든 것이라면 어떨까. 그사이 전철 안이 혼잡해진 거라면? 그는 정말 자느라 몰랐을 수도 있다.

물론 혼잡해질 것을 고려하지 않고 빈자리에 짐을 둔 것 자체가 경솔한 일이라면, 그렇게 볼 수도 있다. 하지만 호통을 치지 않고도 얼마든지 차분한 말투로 자리를 비워달라고 말할 수도 있는 일이다. 이렇게 일부러 일을 시끄럽게 만들면서 자기만의 정의를 주장하는 사람에게는 상대의 입장이나 기분을 헤아리는 마음이 결여되어 있을지도 모른다.

내 생각만 일방통행으로 말하기

자신의 생각이 옳다고 일방적으로 밀어붙이는 사람은 상대방과 소통하는 능력이 없다. 보통 상대에게 자기 이야기를 하려면 자신 역시 상대의 이야기에 귀를 기울여야 한다. 그리고 자기 이야기를 할 때도 하고 싶은 말을 일방적으로 떠들기만 할 것이 아니라 상대의 반응을 살피며 해야 한다. 만약 상대가 흥미를 보이지 않으면 화제를 바꾸고, 공감하는 모습을 보이면 좀 더 자세하게 이야기를 하는 등 상대의 반응에 따라 이야기의 내용이나 말투를 조절할 줄 알아야 한다.

이것이 바로 셀프 모니터링self-monitoring이다. 셀프 모니터링이란 자신의 언행이 적절한지 주변의 반응을 살피면서 확인하는 것을 말한다. 그러나 정의를 밀어붙이는 사람은 셀프 모니터링을 제대로 하지 못한다. 즉 상대의 반응을 보면서 자신의 언행을 조절하지 못하는 것이다. 그래서 상대가 지겨워해도, 기분이 상해도 자신이 하고 싶은 말을 일방적으로 떠들어댄다.

나는 특별해, 나만 특별해

정의를 밀어붙이는 사람은 자신이 절대적으로 옳다고 생각하는데, 그 내면에는 '나는 특별하다.'라는 의식이 있다. 물론 누구에게나 자기애가 존재하고, 자기 자신은 특별한 법이다. 그러나 극단적으로 자기애가 강한 사람이 있다. 자기밖에 모르고 상대의 형편이나 기분은 전혀 상관하지 않는다. 상대에게 자기주장만 펼치고 자신의 요구만 들이댄다.

다음과 같은 유형이 주변에 있다면 반드시 주의해야 한다. 상대에게 부탁은 하면서 정작 상대가 자신에게 부탁하면 "바빠서 여유가 없다." "그건 좀 어려워."라며 단칼에 거절하는 사람, 곤란한 일이 있으면 바로 상담을 요구하지만 상대가 곤란한 일을 당하면 모른 체하는 사람, 자신의 부탁이나 상담을 상대가 거절하거나 다음으로 미루면 불쾌해하면서 노골적으로 안 좋은 말을 하거나 뒤에서 험담하는 사람 등은 주의해야 한다.

정의를 밀어붙이는 사람은 이렇게 상대에게는 무관심하면서 자신의 생각은 무엇이든 들어주어야 한다고 생각한다. 자신은 특별하기 때문에 모두가 자신을 위해 움직이는 것이 당연하다고 생각한다. 그래서 무엇이든 일방적이다. 누군가와 무엇을 주고받는 관계를 맺지 못한다.

"나, 부탁이 있는데, 이것 좀 해줘."
필요할 땐 당당하게 요구하고
"어, 미안. 내가 좀 바빠서."
누군가 도움을 청하면
단칼에 거절하는 사람.
이런 사람이 곁에 있다면
되도록 멀리 달아나라.
뒤에서 험담하며 언제든지
당신 뒤통수를 칠 사람이다.

이렇게 자신은 특별하다는 의식이 강한 사람의 심리적 특징을 파악하려면 자기애성 인격장애narcissistic personality disorder의 진단 기준을 참고할 필요가 있다. 인격장애란 자신이 속한 문화에서 기대되는 것보다 현저하게 편중된 내적 경험이나 행동을 지속적으로 보이는 것을 가리킨다. 그래서 인지 왜곡, 강한 감정 반응이나 불안정, 대인관계의 불안정, 부적절한 충동 조절 등이 나타난다.

자기애성 인격장애 유형은 극단적으로 자신이 특별하다고 의식한다. 그리고 자신이 활약하는 꿈을 꾸며 과대망상에 빠져 있다. 미국 정신의학회의 정신질환 진단 매뉴얼(DSM-IV-TR, 이다음의 개정에서도 관련 항목은 변경되지 않았다)에 따르면 과대성, 칭찬받고 싶은 욕구, 공감성의 결여, 이 3가지가 자기애성 인격장애를 가진 사람에게 폭넓게 나타나는 특징이다. 그리고 다음 9가지 항목(필자가 알기 쉽게 변형한 것이다) 중 5가지 항목 이상이 해당된다면 자기애성 인격장애를 의심해봐야 한다.

〈자기애성 인격장애 자가진단 체크리스트〉

	예	아니오
자신의 재능이나 업적이 실제 이상으로 뛰어나다고 믿는다.		
끝없는 성공, 권력, 아름다움이나 사랑의 공상에 사로잡힌다.		
자신은 특별한 존재이고 평범한 사람은 이해하지 못한다고 생각한다.		
사람들이 한없이 자신을 찬양하기를 요구한다.		
특권 의식이 강하고 뭐든지 특별한 대우를 받기를 기대한다.		
아무렇지도 않게 타인을 이용한다.		
공감하는 능력이 상당히 부족하고 타인의 기분이나 욕구를 알아차리지 못하며, 타인을 신경 쓰지 않는다.		
질투심이 강하고, 그것이 투영되어 다른 사람이 자신을 질투한다고 믿는다.		
거만하고 오만하다.		

누구나 몇 가지 항목에 해당하는 주변 사람을 떠올릴 수 있을 것이다. 근거 없는 자신감을 가지고 있다. 자신은 특별하

다는 의식이 강하고 특별 대우를 해주지 않으면 화를 낸다. 사람들이 자신을 찬양하기를 요구하고 그렇지 않으면 불쾌해한다. 아무렇지도 않게 타인을 이용한다. 공감 능력이 부족하고 타인의 기분에 관심이 없다. 자기보다 뛰어난 성과를 내는 사람이나 인기 있는 사람을 질투한다. 이런 성향이 있는 사람이 떠오르지 않는가?

자기애가 자극되기 쉬운 지금 우리 시대에 이런 사람은 얼마든지 곳곳에 있을 것이다. 이들은 적대적 귀인 편향이 있어서 충동적이고 자신의 감정 제어에 서투르다. 그래서 상대가 자신이 생각하는 대우를 해주지 않으면 공격적으로 변한다. 깊은 관계를 맺기에는 위험한 유형이다. 자기만의 정의를 밀어붙이는 사람 중에도 이런 위험한 유형이 포함된다.

친해지면 극단적으로 스스럼없이 대한다

보통 사람들은 막 알게 된 상대에게는 조심스럽게 대한다. 방어적인 심리가 작용하므로 자신을 속속들이 드러내지 않고 적당히 억누르면서 상대한다. 그렇게 상대의 반응을 보다가 서서히 벽을 허물고 조금씩 자신을 내보인다.

그러나 조금 친해지면 극단적으로 스스럼없이 대하는 사람이 있다. 그런 유형의 사람은 매우 위험하다. 보통 사람들은 아무리 친한 사이라도 상대를 존중하는 마음으로 자신의 생각과 욕구를 강압하지 않는다. 친한 사이일수록 예의를 차리고 아무리 친밀하게 대화를 나누더라도 갑자기 뻔뻔스러운 요구를 하는 일은 없다.

그러나 조금 가까워졌다고 스스럼없이 대하는 사람들은 일단 친하다고 생각하면 갑자기 뻔뻔해진다. 그리고 상대가 한번 부탁을 받아주면 계속해서 부탁을 한다. 상대는 한 번 그들의 부름에 응하면 끊임없이 불려 나가 고민거리를 상담해 주거나 불평을 들어주게 된다. 참지 못해 거리를 두려고 부탁을 거절하거나 상황이 안 돼 만남을 거절하면 그들은 원망스럽다는 듯 말을 내뱉는다.

"그 정도는 해줘도 되잖아."

"어째서 그렇게 냉정한 거야?"

또 다른 예로, 새로운 곳으로 이사를 가서 아는 사람이 아무도 없을 때 처음 알게 된 사람이 생겼다고 하자. 그 사람이 이끄는 대로 차도 마시고 쇼핑도 하면서 지역 정보를 들었다. 그가 여러 가지를 가르쳐줘서 도움이 되었지만, 지나치게 자주 만나자고 하니 자기 시간도 부족해지고 조금 귀찮아졌다. 그래서 몇 번 거절했더니 매우 서먹한 분위기가 되었다.

그러자 그때까지 친절을 베풀던 사람이 공격적으로 돌변했다. 생각힌 대로 되지 않으면 욕선을 퍼부을 뿐 아니라 주변에 악평을 퍼뜨려서 공격하는 일도 있다.

"친절하게 대해줬더니 필요한 정보만 빼먹고 이제 볼일이 없다고 나오네. 심하지 않아? 은혜도 모르고."

직장에서도 비슷한 일을 경험한 적이 있을 것이다. 당신이 발령받은 곳에서 처음으로 말을 걸어준 사람과 친해졌다고 하자. 함께 퇴근하면서 이따금 식사도 같이했는데, 그때마다 그가 불평을 늘어놓거나 고민을 털어놓는 통에 조금 불편했다. 그래서 퇴근길에 같이 식사하자는 권유를 몇 번 거절했더니 그가 당신이 상사나 선배의 험담을 하고 다닌다는 식으로 직장에 소문을 퍼뜨렸다. 이 얼마나 황당한 일인가.

이런 유형들은 조금이라도 친해지면 상대에게 의존하고,

상대가 그것을 받아들이면 점점 정도가 심해진다. 그래서 상대가 '이제 지겨워.' '받아주기도 지쳤어.'라고 생각해서 거리를 두려고 하면 돌변해서 공격적인 태도를 보인다. 의존성이 강해 타인과 적당한 거리를 두면서 어울리지 못하는 것이다.

그들은 상대가 자신의 생각을 모두 알아주는 것이 당연하다고 생각한다. 그러므로 자신의 기대에 응해주지 않으면 '그런 일은 있을 수 없어.'라는 마음으로 공격한다. 자신의 정의를 밀어붙이려고 하는 것이다.

타인을 자기 마음대로 조종하려고 한다

정의를 밀어붙이는 사람은 타인을 조종하고 싶어 한다. 타인의 생각이나 삶의 방식을 존중하려는 마음이 없고, 자신의 가치관만 강요한다. 그들은 자신이 이상하다고 생각하는 일에 상대도 똑같이 반응해주지 않으면 답답해한다. 마찬가지로 자신이 옳다고 생각하는 일에 상대가 동조해주지 않으면 초조해한다. "이렇게 생각하는 것이 당연하지." "어째서 모르는 거야!"라며 공격적으로 변한다.

사람은 저마다 성격도 다르고 성장 배경도 다르고 가치관도 다른 법이다. 가치관이 다르면 매사를 보는 관점이 다르고 우선순위도 달라진다. 그러므로 내가 간혹 상대의 사고방식이나 삶의 방식을 이해하지 못하는 것처럼 상대방도 내 생각이나 삶의 방식을 이해하지 못할 수도 있다. 그러나 정의를 밀어붙이는 사람은 그런 생각을 하지 못한다. 그래서 독선적으로 정의감을 앞세워 공격한다.

나는 전작 《과잉 반응 사회의 악몽過剰反応社会の悪夢》에서 고교 야구 여자 매니저가 온라인에서 비난받은 사례를 소개한 적이 있다. 내용은 대강 이렇다. 전국 고교 야구 선수권 대회에 출전한 어느 야구부에 선수들을 지원하는 여자 매니저가 있었다. 그 매니저는 명문 학교의 입시를 목표로 하는 상위권 반에서 일반 학급으로 반을 옮기면서까지 매니저 일을 열심히 했다. 그리고 자신이 열심히 한 것에 대해 팀이 선수권 대회에 나간 것으로 보답을 받았다고 말했다.

그런데 이 발언이 보도되자 여기저기서 비판하는 목소리가 쏟아졌다. 여자라고 해서 자신의 장래를 희생하며 뒤에서 야구부의 일을 돕는 것은 이상하다. 성별로 역할을 나눈 것이 여성 차별로 이어진다는 것이었다. 이것은 격한 논쟁거리가 되었다.

결국 비난의 중심에 선 여자 매니저가 나서서 입장 발표를 했다. 전국 고교 야구 선수권 대회에 나갈 수 있을 만큼 열심히 한 모든 선수에게 감사하며, 자신은 일반 학급으로 옮긴 일도, 야구부를 계속한 것도 전혀 후회하지 않는다고 말했다. 자신은 지금까지 해온 일에 자부심을 가지고 있다고 했다.

게다가 이런 식으로 화제가 되어 추천 입시에 유리해졌다는 온라인상의 또 다른 비판에 대해서도 이제부터 공부를 열심히 해서 추천이 아니라 일반 입시를 통해 대학에 들어가고 싶다며 자신을 비난한 사람들에게 그 모습을 꼭 보여주겠다고 단호하게 말했다.

이 여자 매니저나 학교를 비난한 사례만 보더라도 자신의 관점이 무조건 옳다고 믿는 사람들은 모두 각자 삶의 방식이 있다는 것을 생각하지 않고 독선적인 정의감에 휩싸여 있다는 것을 알 수 있다. 선수로서 주역이 되든, 매니저로서 선수들을 돕든, 수험 공부를 우선하든, 운동부 활동을 우선하든,

그것은 본인의 문제이며 본인의 자유다. 그것을 이해하지 않고 자신의 관점만 옳다고 보는 사람들이 오히려 독선적으로 자기의 정의를 앞세워 사고방식이 다른 사람들을 공격하고 있는 셈이다. 그 사람들의 논리에 따르면 모든 사람이 주역이 되어야 하고, 보좌하는 역할은 패배자가 되기라도 한다는 뜻일까? 만일 그런 가치관을 따른다면 많은 사람이 좌절감을 안고 살아갈 것이다.

연극계나 영화계도 마찬가지다. 배우나 감독만 가치가 있고, 작품이 빛날 수 있도록 뒤에서 돕는 소품팀, 조명팀, 메이크업팀 등 여러 스태프들은 가치가 없는 걸까? 또 배우도 주인공만 가치가 있고 조연은 가치가 없다는 뜻일까? 야구장의 주인공이 야구 선수라면, 필사적으로 선수들을 응원하는 응원단이나 치어리더들은 가치가 없는 존재라는 것일까?

물론 그렇지 않다고 생각하는 사람도 많을 것이다. 하지만 우리 사회에는 주인공만 가치 있게 여기는 사람이 적잖이 존재한다. 그래서 학예회가 열리면 "왜 우리 아이는 주인공이 아닌가요?"라며 학부모들이 항의하고, 모두가 주인공이 되도록 연출하는 유치원이나 초등학교가 생기는 것이다.

편중된 관점으로 자기만의 정의를 밀어붙이는 사람이 아무래도 점점 많아지는 듯하다. 타인의 의견에 귀를 기울여 공감하거나 이해하려고 하지 않고, 상대의 생각을 억지로 바꾸려고 하는 사람은 주의해야 한다.

언제나 불만투성이

살다 보면 세상일이 자기 생각대로만 되지는 않는다. 그렇다고 생각대로 되지 않는다며 불만만 말하는 사람이 있다. 그런 유형의 사람들은 자신의 회사는 인사 평가가 이상하다거나 상사가 사람을 막 대해서 곤란하다고 토로한다. 또는 급여가 너무 낮다고 불평하는 등 이래저래 직장에 대한 불만만 늘어놓는다.

그뿐만이 아니다. 아내가 자신의 기분을 알아차리지 못하고 무신경하다거나 상냥하지 않아서 함께 있어도 피곤하다고 말하는 사람도 있다. 또 자신의 남편이 학력이 낮아서 이야기가 통하지 않는다거나 돈벌이가 시원치 않아서 힘들다는 등

배우자에 대한 불만만 늘어놓는 사람도 있다.

　지지하는 정당이 선거에서 생각만큼 표를 얻지 못하는 것은 종종 있는 일이다. 이는 불만스러워도 어쩔 수 없는 일인데, 불만만 늘어놓는 사람들은 지지하는 정당이 표를 얻지 못하면 세상이 이상하다고 불평을 늘어놓는다. 출세한 친구를 보면 학창 시절에는 자신의 성적이 더 좋았다며 그 친구는 약삭빨라서 잘 풀리는 거라고 한숨짓는다.

　세상의 이치를 이해하는 사람은 불만이 있어도 불만만 이야기하지 않는다. 하지만 뭔가 불만이 많은 사람은 생각대로 되지 않는 세상사를 받아들이지 못한다. 상황을 정확하게 판단하지도 못한다. 분명하게 의식하지는 않지만 자기 생각대로 매사가 진행되어야 한다는 기대를 무의식중에 하고 있다. 결국 모든 것을 자신의 뜻대로 조종하지 못하면 만족스럽지 않은 것이다. 그래서 생각한 대로 되지 않을 때마다 참지 못하고 불만을 쏟아낸다.

　이와 같은 유형은 욕구불만에 가득 차 있다. 욕구불만—공격 가설을 통해 보면 이 유형은 어떤 계기가 생겼을 때 독선적인 정의를 앞세워 공격적인 모습을 쉽게 보이는 것을 알 수 있다.

의문을 던지거나 부탁을 거절하면
화를 낸다

다른 사람이 자신을 비판하거나 자기 의견이나 제안에 의문을 던지면 분노하는 사람이 있다. 그들은 자신이 한 부탁을 상대가 거절했을 때도 같은 반응을 보인다. 타인에게 다른 의견을 듣거나 주의를 받으면 욱하고 화를 내는 사람도 마찬가지다. 이런 사람들은 상대가 자신을 헐뜯었다고 생각해 공격적으로 반응한다.

가령 한 상사가 부하 직원에게 업무를 지시하려고 한다. 그런데 부하 직원이 거래처에서 재촉하는 급한 서류를 작성하고 있다고 하자. 이때 부하 직원이 상사에게 "죄송합니다. 거래처에서 재촉해서 지금 바로 할 수가 없는데, 그 일을 끝내는 대로 빨리 처리하겠습니다."라고 말한다.

보통 부하 직원이 이렇게 말하면 대부분 어쩔 수 없다고 이해해준다. 그런데 "내 지시에 따르지 않겠다고 하는 거야?"라고 호통치거나 "그래? 내가 지시하는 일은 우선순위가 낮다는 건가?"라고 말하는 사람이 있다. 부하 직원이 자신을 깔보고 있다고 오해하는 것이다.

상사가 착각한 부분이 있어서 부하 직원이 그 점을 지적하면 "그런 건 나도 알고 있어."라고 불쾌해하는 사람도 있다. 그 의견이 도움이 되었다고 생각하기보다 부하 직원이 자신을 부정했다고 여기고 화를 내는 것이다. 이런 유형은 자신의 의견이나 부탁이 통하지 않으면 자신이 존중받지 않는다고 느껴 자기만의 정의를 공격적으로 밀어붙이려는 경향이 있다.

이치가 옳다 해도 감정적으로 대응한다

회사에서 일어난 일이 지나치게 불합리해서 분노가 치밀어 오를 때가 있다. 상사의 횡포에 화가 나기도 한다. 거래처 담당자의 지나친 태도나 무례한 발언 때문에 분노를 느끼기도 한다. 그러나 우리는 보통 불합리한 일을 겪어서 화가 나도 자신의 처지를 고려해서 감정을 억제하고 무난한 대응을 하려고 한다.

물론 뭐든지 좋은 게 좋다는 식으로 참기만 하라는 뜻은 아니다. 주변에 이상한 일이 끊이지 않으면 그 부분을 지적해야 할 때도 있다. 그러나 필요 이상으로 감정적으로 대응하는 것은 문제다.

감정적으로 대응하는 사람들은 회사에서 벌어지는 불합리한 일에 대해 상사에게 상담할 때 냉철하게 설명하지 못하고 무턱대고 감정에 호소한다. 상사와 부하 직원이라는 입장을 잊은 듯 이성을 잃고 상사에게 화를 내기도 한다. 또 거래처와 업자라는 역할의 관계를 잊고 거래처 사람에게 "그런 말투는 무례하잖아요!"라고 호통치듯이 따진다.

어떤 상황에 어울리지 않게 감정적으로 반응하는 사람은 위험하다. 말하는 이치가 옳아도 그것을 이상하리만치 격하게 표현하는 사람은 무슨 일이 있을 때마다 자신만의 정의를 밀어붙이기 쉽다. 문제는 이치 자체에 있는 것이 아니라 감정적으로 대응하는 데 있다. 감정 제어가 안 되면 정의를 밀어붙이는 방향으로 가기 쉽다.

타인에 대한 평가가 180도 바뀐다

타인에 대한 평가가 극단적으로 바뀌는 사람도 위험하다. 평소에 상대를 굉장히 이상적으로 평가하고 기회가 있을 때마다 자랑스럽게 보던 사람이 어느 날 갑자기 헐뜯기 시작한다. 매우 호의적으로 평가하다가 별안간 평가를 뒤집는 것이다. 바로 얼마 전까지만 해도 "저 사람은 좋은 사람이다."라고 호의적으로 평가했던 사람을 갑자기 나쁘게 말하기 시작한다. 그리고 상대에게 매정해진다.

만약 이처럼 주변 사람에게 호평을 하다가 갑자기 평가를 뒤집는 사람이 가까이 있다면 주의해야 한다. 그렇지 않고 안심하며 어울리다가 얼마 후 뒤통수를 맞을 수도 있다. 자신을 호의적으로 평가하며 친하다고 여기다가 갑자기 "친구라고 생각했는데, 이런 사람인지 몰랐어."라고 말하며 화를 낼지도 모른다. 그런데 그가 왜 화가 났는지 당신은 이유를 모른다. 상대가 다시 "믿었는데 아무렇지도 않게 사람을 배신하네."라고 말한다.

이런 말까지 들어도 당신은 짚이는 데가 전혀 없어 망연자

실하게 된다. 상대의 호의적인 태도가 갑자기 공격적인 태도로 돌변하므로 당하는 입장에서는 당연히 상황 파악이 안 된다. 그러나 상대편은 정말로 배신당했다는 생각에 사로잡혀 있으므로 문제가 더 복잡해진다.

이렇게 평가가 극단적으로 바뀌는 것은 인지 복잡성이 낮고 대상을 보는 관점이 단순한 사람에게 나타나는 증상이다. 그들은 억측도 심하고 무엇이든 색안경을 끼고 본다. 그래서 상대에게 호의적일 때는 그를 매우 훌륭하게 본다.

그런데 뭔가 자신의 마음에 들지 않으면 그때까지 상대에게 품었던 호의적인 마음이 거짓말처럼 뒤집힌다. 그리고 상대를 헐뜯기 시작한다. 이런 사람들의 입장에서는 이전까지 상대를 호의적으로 보다가 평가가 뒤집혀 상대에게 반감이 생기면 상대방에게 '배신당했다.'라고 느낀다. 마음에 들지 않는 일이 있으면 '이런 사람이라고는 생각 못했다.'라고 공격적으로 나온다. 배신하는 것은 나쁜 일이므로 그들은 자기만의 정의를 밀어붙일 만한 이유를 얻게 되고, 당당하게 상대를 공격한다.

누군가가 나에게 호의적인 것은 기쁜 일이지만 그 평가가

언제 뒤집혀서 나를 공격할지도 모른다는 사실을 명심해야
한다.

남이 성공하면 침울해진다

누구나 비교 의식은 있는 법이다. 멋있는 친구나 예쁜 친
구, 머리가 좋은 친구나 학력이 높은 친구와 함께 있으면 무
심코 자신을 초라하게 여길 때가 있다.

동료가 큰 계약을 따냈을 때 "해냈구나. 축하해."라고 인사
를 건네면서도 '저 사람에 비해 나는….'이라고 생각하며 침울
해진다. 높은 실적을 기록해서 승진한 동기에 대해 이야기할
때 "걔 참 대단하네."라고 감탄하면서도 그와의 차이가 벌어
진다는 느낌에 씁쓸해진다. 친구가 결혼 날짜를 잡았다고 연
락하면 "축하해. 정말 잘됐네."라고 말하면서도 어쩐지 혼자
가 되는 우울한 기분에 한숨이 나오기도 한다.

그런 비교 의식 때문에 생각이 복잡해지는 일은 누구나 한
번쯤 경험해봤을 것이다. 특히 이때 비교 대상은 주로 자신과

가까운 주변 사람일 경우가 많다. 평소 전혀 관계없는 부서의 누군가가 성공했다고 갑자기 질투심이 생기지는 않기 때문이다. 그러나 같은 부서나 바로 옆 부서에서 늘 얼굴을 마주하는 동기가 성공하면 더 쉽게 비교 의식이 작용해서 질투심이 솟아오르거나 침울해진다.

주변 사람이 성공해 침울해할 수는 있지만, 그런 감정이 자주 일어나거나 극단적으로 치달을 때는 주의가 필요하다. 평소에 자주 비교 의식이 작용해서 침울해하는 유형의 사람은 주변에 잘나가는 사람이 나올 때마다 남몰래 상처받거나 우울함을 느낀다. 그리고 이럴 때마다 상당히 많은 스트레스를 쌓아둘 가능성 또한 높다.

욕구불만-공격 가설을 통해 설명한 것처럼 스트레스를 쌓아두는 사람은 공격성을 숨기고 있다. 그러므로 뭔가 조금이라도 자신의 마음에 들지 않는 일이 있으면 타인의 잘못을 책망하고 자기만의 정의를 주장하면서 공격해올지도 모른다.

남이 행복하면 조바심이 난다

"즐거워 보이는 사람을 보면 화가 난다." "즐거워 보이는 사람들이 많아서 유원지에 가기 싫다."라고 말하는 사람이 있다. 어쩐지 심술궂고 비뚤어진 것 같은데, 이것도 비교 의식이 만들어냈다고 할 수 있다.

사람들의 즐거운 미소를 보고 있으면 즐거운 일이 하나도 없는 자신이 보잘것없게 느껴지는 것이다. 이런 질투와 욕구불만이 사람을 공격적으로 변하게 해 걸핏하면 타인의 흠을 들추어내고 그것을 빌미로 정당한 의견을 내세워서 타인을 비난하고 싶게 만든다.

특히 까다로운 것이 열등 콤플렉스가 있는 유형이다. 업무 능력이든 인간관계든 용모든 하나라도 자신 있어 하면 상관없다. 그런데 어떤 분야에서도 자신감이 없고 '나는 무엇을 해도 안 돼. 제대로 하지 못해.'라고 생각하는 사람은 위험하다. 이런 열등 콤플렉스가 강한 사람은 타인의 천진한 미소만 봐도 그가 잘난 척한다고 생각한다. 그리고 그가 자신을 내려다보고 있다고 느낀다.

예를 들어 거래처에 영업을 나갔다가 성공해서 큰 거래를 수주하면 누구라도 기뻐서 웃게 된다. 그런데 그것을 보고 "가끔 일이 잘됐다고 우쭐하는 모습이 정말 마음에 안 들어."라며 뒤에서 험담하는 사람이 있다. 어째서 마음에 안 드는 것일까? 수주를 한 사람이 성공을 내세워서 자신을 얕본다고 생각하기 때문이다.

하지만 실제로 상대에게는 그럴 의도가 없다. 그저 순수하게 수주에 성공한 것이 기뻤을 뿐이다. 다만 열등 콤플렉스가 강한 사람 혼자서 상대가 잘난 척한다고 생각하며 공격적인 충동에 사로잡히는 것이다.

"대놓고 자랑해서 불쾌하다."

"다른 사람을 무시한다."

열등 콤플렉스에 휩싸인 사람은 이런 식으로 상대를 트집 잡아서 마치 비난하는 것에 정당한 이유라도 있는 것처럼 공격한다. 그런 사람의 마음속 깊은 곳에는 상대가 자신을 얕잡아보거나 무시할지도 모른다는 불안이 자리 잡고 있다.

자신감이 없는 사람은 그런 불안 탓에 타인의 순수한 웃음조차도 불쾌하게 느끼고 만다. 그러므로 자신감이 없는 사람,

기회가 있을 때마다 "마음에 안 들어!"라고 타인을 비난하는 사람은 눈여겨볼 필요가 있다.

잘난 사람을 끌어내리고 싶은 마음

상대가 자신을 얕잡아볼지도 모른다는 불안을 느끼는 사람은 상대에게 무시당하는 일을 필요 이상으로 두려워한다. 그래서 그보다 우위에 서지 않으면 만족하지 못한다. 능력 면에서 실제로 우위에 있는지 없는지는 차치하고, 그들은 자신이 우위에 서 있다고 믿을 만하면 안심하지만, 그 믿음이 깨지는 일을 이상하리만치 두려워한다.

그래서 회사에서 일할 때나 사적인 자리에서 누군가를 만났을 때 상대가 자신의 의견이나 제안을 반대하면 화를 내며 자신이 옳다고 주장한다. 이상하리만치 저항이 강하다. '내가 질 것 같아?'라는 마음, 즉 분노가 가득해 보인다.

주장을 굽히지 않는 그런 모습을 보고 주변 사람들은 "또 시작이네. 어째서 항상 저러지?"라고 고개를 가로젓는다. 그들은 이런 식으로 자기만의 정의를 밀어붙인다.

그들은 자기보다 두드러지거나 유능한 사람을 끌어내리고 싶을 때도 이렇게 행동한다. 그런데 아무 이유 없이 끌어내리려고 하면 보기 흉하기 때문에 상대의 잘못을 찾아내어 이를 지적하고 비판한다.

따라서 얼핏 들으면 정당한 의견을 주장하는 듯해도 필요 이상으로 감정이 격하거나 '저렇게까지 화낼 필요가 있을까?'라는 느낌을 준다면 의심해봐도 좋다. 그의 마음속에는 강렬한 저항으로 비판하고자 하는 사람을 끌어내리고 싶어 하는 심리가 작용하고 있다고 봐도 될 것이다.

래씸하게 여기는 상대의
관계망을 파괴한다

언뜻 보기에 옳은 말을 하는 것처럼 보이지만 사실은 상대를 지나치게 책망하는 사람이 있다. 예를 들어 지인이 어떤 잘못을 저질렀다고 하자.

"이 세상 연인들이 다 헤어졌으면
좋겠어." "데이트하기 좋은 날씨네,
비나 와라." "저렇게 빨리 성공하다니,
분명 뒤에서 음모를 꾸몄을 거야."

남이 행복하면 배가 아프고
제멋대로 상상하며
나쁘게 이야기하는 사람이
곁에 있다면, 당신에게서 멀찌감치
떨어뜨려놓아라.
곁에 두면 온갖 꼬투리를 잡으며
당신 행복을 갉아먹을 것이다.

어떤 이는 대수롭지 않게 넘어가는데 또 어떤 이는 그 지인이 마치 엄청난 잘못을 저지른 것처럼 필요 이상으로 그를 몰아세운다.

앞에서도 보았듯 이런 유형의 사람은 질투나 욕구불만이 쌓여서 공격적인 충동이 높아진 경우가 많은데, 이를 해소하고자 정당한 이치를 내세워 타인을 공격하는 것이다. 그리고 때때로 그것이 지나칠 때가 있어서 주변 사람을 혼란스럽게 한다.

그들이 자주 하는 공격적인 행동은 관계성 공격이다. 관계성 공격은 인간관계를 악의적으로 조작하는 일을 말한다. 가령 나쁜 소문을 흘리거나 신뢰를 무너뜨리려고 일부러 잘못된 정보를 흘리거나 따돌리는 일이 이에 해당한다.

SNS가 발달하면서 많은 사람이 스마트폰으로 SNS를 한다. 그만큼 온라인상에서는 광범위하게 관계성 공격이 일어난다. 예를 들어 누군가 "○○씨가 이런 말을 했어. 믿을 수 없어!"라는 글을 올리면 눈 깜짝할 새에 그 정보가 지인들 사이에 퍼지고 비판받은 사람은 몹시 상처 입는다.

그 글을 읽은 지인들은 "그런 말을 하다니 심하네!"라고 동조하거나 "정말 그런 말을 했어?"라고 의혹을 품는다. 아니면 "그가 왜 그런 말을 했을까?"라고 상대를 이해하려고 하거나 "설마, 그런 말을 할 사람이 아닌데."라고 반론한다. 이때 당사자와 지인들 사이에 혼란이 발생한다.

물론 관계성 공격이 일어나는 것은 온라인에 한정되지 않는다. 회사에서 직장 상사에게 어떤 이의 잘못을 넌지시 일러바치거나 불신감이 생기도록 사실을 왜곡해서 전달하는 경우도 포함한다.

예를 들어 거래처와의 교섭을 이제 막 진행하려는 회사 동료가 있다고 하자. 그 당사자가 상사에게 보고하기도 전에 다른 동료가 먼저 상사에게 "그가 위에 보고도 하지 않고 마음대로 교섭을 진행하려고 한다."라고 일러바치는 것이다. 또는 평소에 험담을 한 적 없는 회사 사람이 동료들을 나쁘게 말하고 다녔다고 주변에 소문을 퍼뜨리기도 한다. 이런 것들이 다 관계성 공격에 해당한다.

그런데 정작 그런 식으로 일러바친 사람은 질투심 때문에 자신이 관계성 공격을 가한다는 것을 의식하지 못한다. 오히려 동료가 교섭을 마음대로 진행했다고, 동료의 험담을 했다고 정당한 이유를 찾아내어 비난한다. 하지만 그것은 꾸며낸 정의감에 불과하다. 유능한 사람이나 상사의 마음에 든 사람, 동료들 사이에서 인기가 있는 사람만이 비난의 대상이 된다는 것이 바로 그 증거다. 이것이야말로 자신이 질투하는 사람을 끌어내리고 싶어 저지른 행동이라는 근거인 셈이다.

악인을 비난하는 일에 집념을 불태운다

트집이 아니라 정말로 상대가 나쁘게 행동했을 수도 있다. 그런 의미에서 잘못을 저지른 사람이나 조직을 비판하는 것은 어느 정도 이해하지만, 그 방식이 매우 무자비하다면 그것은 문제가 있다. 누군가 잘못을 했을 때 상대를 비난하는 데에 무섭게 집착하는 사람이 있다.

악플러라는 말을 많이 들어봤을 것이다. 잘못을 저지른 인물이나 조직을 비난하는 일에 이상한 집념을 불태우는 사람들이 늘어나고 있다. 인터넷의 영향도 크다. 온라인에서는 누구나 글을 써서 퍼뜨릴 수 있기 때문에 누군가 어떤 목소리를 내면 많은 사람의 눈에 띄기가 쉽다. 그래서 상대에게 더 큰 충격을 줄 수 있고, 자신의 힘을 과시할 수도 있다. 이때 느끼는 자기 효능감이 나쁜 사람을 비난하는 행위에 집착하게 만든다.

상대에게 명백히 잘못이 있고 비난하는 데 정당한 근거가 있다고 해도 비난하는 방식이 무자비하다면 옳다고 보기 힘들다. 이상할 정도로 강하게 공격을 퍼붓는 사람들에게는 위험한 기운이 감지된다. 이들은 결국 자신의 내면에 가득 찬 공격성을 발산할 기회를 엿보고 있는 셈이다.

그런데 그것을 섣불리 드러냈다가는 오히려 자신이 이상한 사람이 되어버리므로 잘못이 있는 사람이나 조직을 항상 찾아다닌다. 그리고 그런 대상을 발견하면 정의를 내세우는 척하며 자신의 공격성을 당당하고 대담하게 발산한다.

정말 잘못이 있는 사람이나 조직을 비난한다고 해도 지나치게 거기에 집념을 불태우는 사람, 무자비하게 공격하는 사람은 주의해야 한다. 그 공격성의 방향이 언제 당신을 향할지 모른다.

일반적인 감정이 통하지 않는
사이코패스

　지금까지 봐온 위험한 사람의 특징은 정말 극단적인 형태가 아니면 많은 사람이 공감할 수 있을 것이다. 그러나 공개적으로 누군가를 비난하는 사례나 온라인에서 가까운 사람을 비방하거나 그에게 관계성 공격을 가하는 사례 중에는 어째서 저렇게까지 무자비하게 공격하는지 이해할 수 없는 것도 있다.

　그렇게 온라인에서 무자비한 형태로 공격하는 사람들은 비난당한 사람이 얼마나 상처 입을지, 자신의 사진이 공개적으로 뿌려진 사람이 어떤 입장에 몰리게 될지, 가게를 비방하는 글 때문에 운영하는 사람이 얼마나 곤란해질지 전혀 헤아리지 못한다. 자신의 관점에서 일방적으로 공격한 대상이 그의 주변에서 무시당하거나 가게에 손님의 발길이 뜸해져서 운영하는 사람이 생계에 곤란을 겪어도 그들은 양심의 가책을 느끼지 못한다.

　그런 사례를 보면 무자비한 공격성을 가진 사람들은 사이코패스가 아닐까 의심이 된다. 캐나다의 심리학자 로버트 헤어 Robert Hare에 따르면 사이코패스는 이상인격의 하나로 타인과 마음을 나누거나 따뜻한 정을 주고받는 능력이 결여된 사람이다. 그래서 자기중심적이고, 주변에 무신경하며, 자신이 저지른 일에 대해 후회하는 마음도 없다고 한다. 양심으로 감정이 억제되기는커녕 내키는 대로 뭐든지 저지르고 본다. 타인의 아픔이나 고통을 염려하는 능력이 완전히 결여되어 있다.

로버트 헤어는 이런 사이코패스가 북미에만 적어도 200만 명이나 있다고 추정하지만, 이것은 아주 적은 수치에 불과하다고도 말한다. 이를 보면 우리 사회에 얼마나 많은 사이코패스가 있을지 염려스럽다.

정신의학 영역에서 사이코패스는 반사회성 인격장애에 속한다고 보지만, 로버트 헤어는 반사회성 인격장애나 범죄자의 대부분은 사이코패스가 아니라고 주장한다. 사이코패스 중에는 범죄를 저지르는 사람도 있지만, 사회에서 평범하게 살아가는 사람도 있으며 그들이 반드시 반사회적인 행동을 하지는 않기 때문이다.

즉 사이코패스라고 말할 만큼 인격이 냉혹한 사람이 사회에서 버젓이 활약하기도 한다는 것이다. 간혹 회사를 경영하고 직업적으로 성공한 사람 중에는 제멋대로이고, 공격적이며, 타인의 기분을 배려하지 않는 사람도 적지 않다.

로버트 헤어는 반사회성 인격장애와 사이코패스는 반드시 동일하지 않다고 하면서 사이코패스를 구분하는 체크리스트를 제시했다. 그것은 다음과 같이 감정·대인관계의 특징과 사회적 일탈의 두 가지 측면에서 확인할 수 있다.[13]

이 항목들 중에서 특히 자기중심성, 후회의 결여, 피상적인 감정, 거짓말과 속임수에 능한 것은 뿌리 깊은 공감 능력의 결여와 밀접한 관계가 있다고 한다. 타인의 감정에 전혀 관심이 없고 타인의 입장에서 생각하지 못한다는 것이다. 만약 평소 언행에서 이런 징후가 엿보이는 사람은 상당히 위험한 인물일 가능성이 크므로 주의가 필요하다.

---

13 로버트 D 헤어, 《Without Conscience》, Guilford Pubn, 1999년 1월. 2005년에 《진단명 사이코패스》라는 이름으로 한국어판이 출간되었다. —옮긴이

〈사이코패스 체크리스트〉

감정·대인관계의 특징	달변이며 깊이가 없다.	
	자기중심적이며 과장이 심하다.	
	후회나 죄의식이 결여되어 있다.	
	공감 능력이 부족하다.	
	거짓말과 속임수에 능하다.	
	감정이 피상적이다.	
사회적 일탈	충동적이다.	
	행동 제어가 서투르다.	
	자극을 추구한다.	
	책임감이 없다.	
	어린 시절, 문제 행동을 했다.	
	성인이 되고 나서 반사회적 행동을 했다.	

6장

정의로운
사람이

위험한 사람으로
바뀌는 순간

지금까지 정의를 밀어붙이는 사람의 심리 구조를 심층적으로 분석하고 정의가 통하지 않는 사회 분위기 속에서 살아가는 사람들이 느끼는 초조함과 정의를 밀어붙이는 행위의 연관성, 정의를 밀어붙이는 위험한 사람에게 나타나는 특징 등을 5개의 장으로 나누어 설명했다. 이를 종합해보면 우리는 정의로운 사람이 어떤 심리 변화를 통해 위험한 사람으로 변하는지 알 수 있다.

그래서 이번 장에서는 지금까지 살펴본 내용을 종합해서 정의로운 사람이 위험한 사람으로 변모하는 심리 메커니즘에 대해 정리하고자 한다.

정의로운 사람이 어느새 변해 있을 때

잘못된 일, 불합리한 일을 봤을 때 못 본 체하지 않고 그것을 바로잡으려는 것은 올바른 자세다. 올바른 일, 정당한 의견을 주장하는 일은 결코 나쁜 일이 아니다. 오히려 정의감이 부족하고 아무렇지 않게 부정한 짓을 하거나 타인을 속이거나 무책임한 일을 하는 사람, 그런 일을 남의 일처럼 방관하는 사람이나 자신을 보호하려고 입을 다무는 사람과 비교하면 훨씬 훌륭하다고 할 수 있다.

하지만 본인은 올바른 일을 할 의도였다고 해도 태연하게 다른 사람에게 상처 주는 언행은 문제가 된다. 가령 서장에서 든 사례처럼 아내를 잃은 배우를 비난하는 사람과 불륜 스캔들에 휩싸인 연예인을 비난하는 사람이 그렇다. 비난하는 사람은 자기 나름대로 정의감을 품고 '이건 있을 수 없는 일이다.'라고 생각해서 한 행동일 테지만, 실제로 그가 좇는 것은 독선적인 정의감에 불과하다. 이런 사람이 태연하게 타인을 상처 입히는 위험한 사람이 된다.

다른 사람을 짓궂게 괴롭힐 작정으로 한 것이라면 차라리 낫다. 그러면 부끄러움을 느낄 테니 말이다. 하지만 올바른 일을 한다는 생각으로 가차 없이 비난과 공격을 퍼붓는다면 그것이 훨씬 더 위험하다.

왜 가까운 사람이 가장 위험한 사람인가?

　우리는 살아가면서 '설마 저 사람이.' 하고 놀랄 때가 있다. 어떤 사람이 누군가의 블로그에 게시된 글을 보게 되었는데, 가게에서 불친절한 직원을 만나 기분이 상했다고 신랄하게 비판하는 내용이었다고 한다. 그런데 어쩐지 내용이 낯설지가 않았다. 전날 밤 자신이 겪은 일과 비슷했기 때문이다. 점원과 손님이 나눈 대화도 자신이 겪은 일과 완전히 똑같았다. 그래서 그 블로그를 탐색해보니 아무래도 그날 밤에 그 가게에 함께 갔던 회사의 동료가 운영하는 듯했다.

　그런데 그 블로그에는 누군지 알아챌 수 있을 정도로 직장 동료를 묘사하며 그를 헐뜯은 글도 있었다. 항상 온화하게 미소 짓던 회사 동료가 그런 공격적인 글을 썼다는 데에 블로그를 본 사람은 꽤나 놀랐다고 했다.

　이뿐 아니라 더한 이야기도 들을 수 있다. 가령 생각지도 않았던 사람이 자신을 나쁘게 말하고 다닌 경우다. 당사자는 누군가 뒤에서 자신을 헐뜯으며 온라인에 상당히 심한 비방글을 썼다는 것을 어쩌다가 듣게 되었다. 몹시 기분이 나빴고 결국에 그 글을 읽어보게 되었는데, 내용을 자세히 보니 자신을 헐뜯은 사람은 항상 사이좋게 같이 점심을 먹는 동료였다. 그런 충격적인 사건을 겪은 사람은 정말이지 망치로 머리를 한 대 맞은 느낌이 들 것이다.

또 다른 예로, 사귀던 연인에게 냉정한 말을 듣고 싸운 일을 지인에게 털어놓은 사람이 있다. "실연당했는지도 몰라."라고 말했더니 그 지인은 "너무 심하네. 정말 괴롭겠다. 하지만 분명히 괜찮아질 거야. 다시 사이가 좋아질 테니 걱정하지 마."라고 공감하고 격려해주었다. 그런데 얼마 뒤 그 지인이 SNS에 "걔, 실연당했나 봐. 상당히 침울해했어. 언제는 죽고 못 살더니 진짜 웃기더라."라며 자신을 비웃는 글을 쓴 것을 알고 충격을 받았다고 한다.

사람들이 그런 언행을 하는 까닭은 무엇일까? 사귀는 사람이 없는 자신에게 사랑싸움을 털어놓은 것이 괘씸했을 수도 있고, 상대는 외모가 출중해서 인기가 많은데 자신은 그렇지 않아서 괘씸한 생각이 들어 그랬을지도 모를 일이다.

한동안 전근할 일이 없을 것 같아 아파트를 산 사람이 있다. 그런데 갑자기 지방으로 발령이 나서 '큰일이네. 어떻게 해야 좋을까.'라고 발을 동동 구르고 있었다. 그런데 그는 자신을 걱정해주던 한 회사 동기가 정작 다른 동기한테는 자신의 상황을 비웃었다는 사실을 알게 되었다.

회사 동기가 자신에게 "네가 지방으로 가게 될 줄은 몰랐어. 아파트 산 지 얼마 안 됐잖아. 어떡해?"라고 걱정스러운 얼굴로 말을 걸어주었다. 그런데 다른 동기에게는 "그 녀석 지방으로 발령 났어. 게다가 아파트를 사자마자 그렇게 된 거야. 예전 부장님한테 잘 보이고 우쭐해하더니, 이번 계기가 좋은 약이 되겠지."라고 즐겁게 말했다는 것이다.

친구라고 생각한 사람이 그런 말을 하면 충격이 굉장히 클 수밖에 없다. 그렇게 행동한 사람에게서 이유를 찾자면, 동기인데 격차가 벌어져서 분하고, 상사의 마음에 든 상대가 괘씸해서 그랬을 수도 있을 것이다.

이런 식으로 '저 사람이 내 불행을 보고 기뻐하다니…'라고 충격받는 일은 의외로 자주 있다. 어느 경우나 그 배경에 있는 감정은 질투다. 이럴 때는 누구나 예기치 않은 일에 충격을 받는다. 친구라고 생각했던 사람이 '고소하다.'라고 생각하면서 비웃고 있다는 것을 알면 누구나 상처 입고 충격을 받는다.

우리는 가까운 상대일수록 위험한 사람으로 바뀔 가능성이 있다는 사실을 기억해두어야 한다. 왜냐하면 가까운 상대야말로 비교 의식이 발동해서 질투가 나 그렇게 행동할 가능성이 크기 때문이다. 별로 인연이 없는 사람이나 자신과 거의 관계없는 사람에게는 호의적 감정도 없는 대신 질투심에 눈이 멀어 공격적으로 나오는 일도 없다. 그보다는 오히려 가까운 상대야말로 호의적인 감정이 있는 만큼 질투를 느끼고 그 감정이 공격적으로 변하게 될 경우가 많다.

가까운 사람이야말로 위험하다

그 배경에 있는 심리 메커니즘은 심리학자 테서Tesser가 제창한 자기평가 유지 모델로 설명할 수 있다. 자기평가 유지 모델은 인간관계 속에서 자기평가를 상승시키거나 하강시키는 심리적 과정으로, 반영 과정과 비교 과정이 작용한다.

반영 과정은 가까운 인물의 우수한 속성과 업적의 영광에 따라서 자기평가가 상승하는 마음의 움직임을 가리킨다. 쉽게 말하면 훌륭한 인물과 자신을 동일시하는 일(겹치는 일)로 자기평가를 올리는 것이다.

예를 들어 예전 동급생이나 평범한 지인이 유명한 축구 선수가 되거나 뉴스 앵커로 활약하거나 가수로 데뷔해서 히트곡이 나왔다고 하자. 그러면 어쩐지 자신까지 으쓱해져서 주변 사람에게 "나 저 사람하고 친구야."라고 자랑하고 싶어진다. 그전까지는 그 지인과 특별히 친하다고 생각하지 않았는데, 그가 잘나가게 되자 굉장히 친밀한 것처럼 느끼는 것이다. 이런 식으로 자기평가를 올리는 것을 말한다.

그 지인을 친근하게 느끼는 것은, 말하자면 자기평가를 올리려고 성공한 친구나 지인과의 심리적 거리를 좁히기 때문이다. 유명해지자마자 연락이 없던 친척이나 동창에게 연락을 받았다는 이야기를 심심치 않게 들은 적이 있을 것이다. 그런 것들이 반영 과정에 따라 자기평가를 올리려고 하는 심리 메커니즘에 따른 것이라고 할 수 있다.

한편 비교 과정이란 친밀한 인물의 뛰어난 속성이나 업적과 비교해서 자기평가를 떨어뜨리거나 반대로 가까운 인물의 뒤떨어진 속성이나 업적과 비교해서 자기평가를 올리려는 마음의 움직임을 가리킨다.

가령 친구나 직장 동료 등 가까운 지인이 창업으로 성공해서 주목받거나, 사회인 야구에서 활약하거나, 회사에서 성과를 올려 승진하면 '저 사람은 저렇게 활약하고 있는데, 나는 뭘 하고 있는 건가.'라고 침울해질 때가 있다. 이는 상대와 비교해서 자기평가가 낮아진 경우다.

반대로 가까운 지인의 직장 생활이 신통치 않거나 프로젝트에서 실패하면 '저 사람과 비교하면 나는 아직 괜찮구나.'라는 생각이 들어 그를 동정하면서도 여유로운 기분이 든다. 이런 경우는 자기평가가 상승한 것이다.

반영 과정과 비교 과정 중 어느 쪽 심리 과정이 움직이는지는 그때 문제가 되는 속성이나 업적에 본인이 얼마나 관여하는지(중요시하고 관심을 보이는 정도)에 따라 정해진다. 즉 자신에게 중요한 속성이나 업적이 문제가 되는 경우 비교 과정이 쉽게 활성화된다.

예를 들어 이성에게 인기를 얻고 싶다는 생각이 강한 사람에게 외모는 커다란 관심 요소이므로 비교 과정이 작용한다. 가까운 상대의 외모가 뛰어나면 '저 사람과 비교해서 나는 비참하네.'라고 느낀다. 이럴 땐 자기평가가 낮아진다. 이때 사람은 그 충격을 최소로 억제하기 위해 '사람은 겉모습이 중요하지 않아.'라고 외모의 가치를 폄하하거나 외모가 뛰어난 상대에게 차가운 태도를 보이며 심리적 거리를 두려고 한다. "저 사람은 인기 좀 있다고 우쭐대고 있어."라는 식으로 험담을 퍼뜨리기도 한다. 이는 자기평가를 떨어뜨린 사람에 대한 질투심 때문이라고 할 수 있다.

가까운 사람이 행복하면 상대적으로 비참한 기분을 느끼는 것도 비교 과정이 작용하기 때문이다. 가령 결혼하고 싶은 마음이 강한 사람에게 친구나 동료 등 가까운 사람이 결혼한다는 정보는 비교 과정에 따라 자기평가를 낮추는 일이 된다. 그래서 "난 별로 결혼 생각이 없어."라고 마음에도 없는 말을 하거나 결혼하는 사람을 비방하는 말을 하기도 한다. 그것도 자기평가를 낮추는 사람에 대한 질투심이 작용한 것이다.

이렇게 보면 어째서 가까운 사람이 위험한 사람으로 돌변하기 쉬운지 알 수 있다. 정말 씁쓸한 일이지만, 가까운 상대일수록 방심은 금물이다. 자의식을 지닌 인간은 그만큼 약한 생물이다.

"어째서 저 사람이
나의 불행을 보고 기뻐하지?"
가까운 사람일수록 믿지만,
실은 더 위험할 수 있다.
비교 의식이 발동해 질투심에 휩싸여
행동할 가능성이 크기 때문이다.

당신의 불행을 보고 솔직함을
빙자하여 "안타까운 일이지만,
그럴 만했기 때문에 일어난 일이야."
라며 긁는 사람이 있다면,
되도록 당신의 이야기를 하지 마라.

위험한 사람이 가진 일상적 패턴

4장에서 올바른 일이나 올바른 주장이 통하지 않는 세상의 분위기를 지적했다. 정치 등의 사회문제뿐 아니라 직장에서도 버젓이 불합리한 일이 통하고 정의를 주장하기 어려운 분위기가 형성되어 있다. 정치계에 이익과 손해가 얽힌 뒷거래가 만연하다 보니 직장의 권력자 또한 태연하고 뻔뻔하게 부조리한 일을 저지른다.

이런 현실에 대한 염증이 사람을 공격적으로 변하게 만든다. 자신에게 불합리한 권력을 내세우는 사람이나 뒤에서 야비한 수단으로 이익을 챙기는 회사의 어떤 인물을 보면 정당한 주장을 펼쳐서 비난하고 싶어진다. 하지만 실제 행동으로 옮기지 못하고 점차 공격적인 충동이 치밀어 오른다.

그래서 갈 곳 없는 공격성을 발산할 대상을 외부에서 찾는다. 회사 내부의 적을 공격하는 것은 위험하므로 안전한 장소에 몸을 두고 공격 충동을 발산하려는 것이다. 가령 온라인에서 잘못을 저지른 인물을 찾아 비난하는 것이 이에 해당한다. 피해자에게 상처 주는 실언을 했거나 불륜 스캔들이 터진 정치인이나 연예인, 학생에게 지나친 체벌을 가한 교사 등 온라인에서 비난받는 인물이 있으면 그 흐름에 편승해 함께 비난하려고 한다. 그렇게 자신의 공격성을 실컷 발산하려는 것이다.

때로는 정말로 비난받아야 할 언행을 한 것도 아닌데, 비난하고 싶은 충동이 지나치게 강해서 잘못이 없는 사람의 작은 실수까지 꼬투리를 잡아 비난하게 된다. 그렇게 되면 이미 위험한 사람이 되었다고 해도 과언이 아니다.

이런 사람들은 사실 옳은 일이 통하지 않고 옳지 않은 일이 버젓이 통하는 현실에 분노하는 마음이 더 크다. 정의로운 사람이었지만, 현실에서는 정의감을 좇아 행동하는 것이 어려우므로 이 때문에 쌓인 울분을 안전한 형태로 해소하려고 한다. 그렇게 점점 위험한 사람이 되어가는 것이다.

인지 왜곡이 왜곡된 정의감을 낳는다

정의로운 사람이 위험한 사람으로 바뀌는 계기를 보면 아무래도 대상을 보는 관점, 즉 인지 왜곡이 얽혀 있음을 생각할 수밖에 없다. 위험한 사람은 아무렇지도 않은 언행에도 악의를 감지한다. 그리고 이를 용납하지 못한다는 생각에 사로잡혀 공격한다. 아무래도 머릿속의 정보처리 시스템이 받아들이는 정보를 왜곡했다고 봐야 할 것이다.

심리학자 크릭Crick과 닷지Dodge가 제창한 사회적 정보처리 모형Social information processing model을 보면, 상대의 언행과 같은 사회적 정보처리는 다음 6단계를 거쳐 진행된다고 한다.

① 외적 및 내적 단서의 부호화
② 단서의 해석
③ 목표의 명확화
④ 반응의 검토
⑤ 반응 결정
⑥ 실행

상대의 언행이나 그로 말미암아 생겨난 자신의 기분에 주목해서 상대의 언행이 지닌 의미를 해석하고 어떤 대응을 할지 생각한다. 그것을 위한 반응의 방법을 검토하고, 반응을 결정하여 그것을 실행에 옮긴다. 이 중에 특히 중요한 것이 단서의 해석이다.

타인의 언행을 보고 모욕당한 것으로 해석해서 "무례하다!" "용서할 수 없어!"라고 격분하는 사람이 있는가 하면, 유머 섞인 장난이라고 해석하며 같이 웃는 사람도 있다. 상대의 언행을 어떻게 해석하는지에 따라 그에 대한 반응은 180도 달라진다.

위험한 사람은 아무래도 부정적인 방향으로 해석을 왜곡한다. 그들은 특별히 불쾌할 것 없는 타인의 언행에도 일일이 화를 내거나 용서할 수 없다는 생각에 사로잡힌다. 주변 사람들은 어째서 그렇게까지 화를 내는지, 왜 그렇게 비뚤어지게 받아들이는지 이상하게 생각한다. 그러나 본인은 진심으로 상대를 무례하다고 생각하거나 그 사람이 자신에게 상처를 줬다고 생각한다.

이렇게 타인의 언행을 악의로 해석하는 것이 인지 왜곡이다. 그 왜곡 때문에 타인은 아무런 악의가 없어도 오해를 받는다. 제대로 설명해도 알아주지 않고 이유 모를 공격을 받게된다. 상대편은 이쪽이 나쁘다고 진심으로 생각하고, 자신의 정의감으로 움직인다. 그야말로 왜곡된 정의감이다.

이런 인지 왜곡은 앞에서 간단히 다룬 적대적 귀인 편향이다. 이는 타인의 언행에 적대적인 의도가 있다고 보는 인지 왜곡이다.

예를 들어 무시하는 말을 한 적이 없는 대상을 보며 '저 사람이 날 무시했어.'라고 마음대로 판단한다. 그리고 "무시하지 마!"라고 말하려는 듯이 적개심을 드러내며 공격한다. 어떨 때는 피해자를 대변하듯이 발언자에게 "피해자를 상처 입혔다."라고 비판하고 공격적인 말을 하기도 한다. 발언자는 피해자를 상처 입힐 의도가 없었고, 피해자 본인도 그런 식으로 느끼지 않았는데도 말이다.

이런 적대적 귀인 편향이 나타나는 사람일수록 자신을 적대적으로 대하는 상대에게 보복하고자 상대를 공격하려고 한다. 친구를 따돌리거나 무시하는 방법으로 관계성 공격을 가하는 사람은 자기 자신이 관계성 공격의 피해를 당해서 그것을 보복하려는 경우가 많다.

친구가 별 뜻 없이 한 말이나 태도에 적의를 느끼고 '따돌리려고 한다.' '나를 싫어한다.'라는 식으로 악의에 찬 해석을 한다. 적대적 귀인 편향이 나타나서 결과적으로 상대를 공격하는 것이다.

의심이 많거나 자신감이 부족하면
인지 왜곡이 생긴다

적대적 귀인 편향과 같은 인지 왜곡의 배후에는 기본적으로 신뢰감이 없고, 무시당할지도 모른다는 불안이 잠재되어 있다.

사람을 신뢰하는 사람은 타인에게 호의적이며, 타인의 언행도 호의적으로 해석하는 경향이 있다. 그러나 기본적으로 타인을 신뢰하지 않는 사람은 타인에 대한 경계심이 강하고 타인의 언행에도 이면이 있을 것이라고 조심스럽게 접근한다.

타인에게 품는 불신이 지나치게 강해지면 상대에게는 아무 악의도 없는데도 적대적 귀인 편향이 나타난다. 그러면 마음대로 적의를 감지해서 반격에 나서기도 한다. 자신감이 없고 무시당할지도 모른다고 불안해하는 사람은 타인의 사소한 언행에도 '무시당하고 있어.' '나를 깔보는 거야?'라고 비뚤어진 반응을 드러내고 반격하려고 한다.

폭력적 범죄자나 비행을 저지르는 사람에게 적대적 귀인 편향이 두드러진다는 연구 보고가 있는데, 아주 평범한 사람이라도 적대적 귀인 편향이 강하게 나타나는 사람일수록 쉽게 공격 행동을 보인다고 한다.

이렇게 보면 성장 과정에서 다양한 경험을 하면서 의심이 많아지거나 자신감이 부족해진 사람은 적대적 귀인 편향으로 인지 왜곡이 나타날 가능성이 크다고 할 수 있다.

우울한 사람에게 인지 왜곡이 많은 이유

쉽게 침울해지고 기분이 불안정한 사람도 인지 왜곡을 일으키기 쉽다. 실제로 쉽게 우울함에 빠지는 친구가 안쓰러워서 신경을 써주고 격려하면서 친절하게 대했는데, 어느 날 굉장히 공격적인 태도를 보여서 깜짝 놀랄 때가 있다.

예를 들어 쉽게 침울해지는 부하 직원이 신경 쓰여서 되도록 심한 말은 하지 않으려 조심하고, 가능한 한 상냥한 태도로 대했는데 뒤통수를 맞았다는 상사의 이야기를 종종 듣는다. 자신은 최대한 배려했는데 오히려 주변에 상사가 권력을 내세워 자신을 괴롭힌다는 안 좋은 소문을 퍼뜨렸다는 것이다. 그래서 우울한 사람은 무섭고, 이제 얽히고 싶지 않다는 이야기를 했다.

기분이 불안정해서 쉽게 침울해지는 사람의 마음속에는 공격적인 심리가 잠재되어 있을 가능성이 크다. 공격성과 우울함 사이에는 깊은 관계가 있다. 상대에게 폭력을 행사하는 사람도, 노골적으로 안 좋은 언행을 하면서 공격하는 사람도, 나쁜 소문을 흘리거나 따돌리면서 관계성 공격을 하는 사람도 우울한 경향이 있다는 사실이 심리학 연구로 증명되었다.

공격적인 사람이 타인에게 강한 적의를 품는다는 것은 잘 알려져 있는데, 우울한 사람도 마찬가지다. 우울한 사람은 주변의 쾌활한 사람을 보면 쉽게 짜증이 나는 한편, 이유도 없이 금세 침울해지곤 하는 자기 자신에게도 짜증을 내기 쉽다. 그런 짜증이 우울한 사람들의 공격 충동을 만들고 공격적인 반응을 만든다. 우울함이 짜증을 부르고 공격적인 반응을 쉽게 유발하는 셈이다.

친구가 침울해하고 있어서 격려하려고 말을 걸었더니 "속으로는 고소하다고 생각하지?"라고 반발심을 드러내서 말문이 막혔다는 사람도 있다. 우울해하는 동료의 기운을 북돋으려고 식사를 권유를 했더니 "나같이 우울한 사람하고 있으면 자기가 더 잘나가는 것 같아서 기분 좋지?"라고 불쾌한 말을 해서 깜짝 놀랐다는 사람도 있다.

침울해하는 사람의 마음속에는 적대적 귀인 편향이 작용하기 쉽고, 그런 사람은 상대의 언행이 자신에게 상처를 주었다고 느낀다. 따라서 그는 본능적으로 자신을 방어하기 위해 공격적인 반응을 보이는 것이다. 실제로 우울함을 잘 느끼는 사람이 상대에게 강한 적의를 품는 것을 증명하는 연구도 있다. 우울한 경향이 있는 사람은 매사를 부정적으로 파악하는 인지 경향을 보인다. 어떤 일에 관해서도 부정적으로 받아들이는 인지 왜곡이 나타난다. 그래서 기분이 가라앉는 것이다.

매사를 부정적으로 파악하는 경향이 있는 사람은 당연히 상대의 언행도 부정적으로 받아들이기 때문에 쉽게 적의를 감지한다. 상대에게는 아무 악의도 없는데 마음대로 그렇게 판단한다. 친절하게 건넨 말조차 나쁘게 받아들인다. 그야말로 적대적 귀인 편향이 작용해서 왜곡된 해석을 하는 것이다. 상대가 신경 쓰면서 친절하게 대하는데도 인지 왜곡이 일어나서 적의를 느끼고 상대를 비판하기 시작한다.

인지 왜곡이 일어나면 상대를 진심으로 가혹한 사람이라고 믿게 되므로 왜곡된 정의감을 앞세워 상대를 공격한다. 이렇게 쉽게 침울해지는 사람은 정의로운 사람이 되려고 하지만, 실제로는 위험한 사람이 된다.

울적한 기분은 뇌 기능과도 관련이 있다고 한다. 전두전야의 기능이 떨어져 편도체의 제어 기능이 제대로 작용하지 않으므로 무해한 자극에서까지 위험을 감지하고 불안과 공포를 쉽게 느낀다. 그것이 울적해지고 공격적 반응으로 이어지는 것이다.

이렇게 쉽게 침울해지는 사람의 일에 안이하게 관여하다가 상대의 적대적 귀인 편향으로 뜻밖의 공격을 당할 수 있으므로 주의가 필요하다. 그런 사람은 당신이 나쁘다고 진심으로 믿는다. 그래서 왜곡된 정의를 주장해서 인정사정없이 공격해온다. 그야말로 위험한 사람으로 돌변하는 것이다.

잘못된 일을 못 본 체하지 않고
바로잡는 것은 올바른 자세다.
하지만 상대를 깎아내리고, 질투하고,
자기주장의 근거가 정당하다고
태연하게 다른 사람을 상처 주는
언행은 문제다.

그것은 정당한 비판도 정의도 아니다.
독선이며 자만일 뿐이다. 지금 당신이
좇는 정의는 타인에게 상처 입히고
얻어낸 것인가, 모두를 위한 것인가?

당신은 정의를 밀어붙이는
위험한 사람인가,
정의로운 사람인가?

지은이 —————————————————————————————

에노모토 히로아키 榎本博明

사람과 사회를 이롭게 하는 심리학 강연으로 유명한 일본의 심리학자.
1955년 도쿄에서 태어나 도쿄대학교 교육심리학과를 졸업했다. 일본
유명 기업인 도시바 시장조사과에서 근무하다가 원만한 비즈니스 인
간관계를 위한 심리학 연구의 필요성을 느껴 도쿄도립대학교 대학원
에서 심리학과(박사과정)를 수료했다. 캘리포니아대학교 객원 연구원,
오사카대학원 조교수, 메이조대학 교수 등을 거쳐 현재 MP인간과학
연구소 대표를 맡고 있다.

심리학을 기반으로 한 다양한 인간 유형 분석은 물론 커뮤니케이션 방
법을 연구한다. 특히 비즈니스, 교육에 접목한 그의 심리학 강연은 "심
리학이야말로 삭막한 인간관계를 탈피하여 사람과 사람을 잇고 사회
를 이롭게 하는 최고의 학문이다."라는 극찬을 받으며 일본에서 큰 주
목을 받았다. 저서로는《은근한 잘난 척에 교양 있게 대처하는 법》,《모
친 상실》,《나를 찾아 떠나는 자기분석여행》,《타인을 끌어내리려 안간
힘 쓰는 사람들》등이 있다.

정지영

대학에서 일본어를 전공하고 졸업 후 다년간 출판사에서 근무하며 일본 도서 기획과 번역, 편집 업무를 담당했다. 그러면서 번역의 매력에 푹 빠져 전문 번역가의 길로 들어서게 되었다. 현재는 엔터스코리아에서 출판 기획과 일본어 전문 번역가로 활동 중이다. 주요 역서로는《그림으로 디자인하는 생각 정리 업무 기술》,《업무를 효율화 하는 시간 단축 기술》,《도쿄대 물리학자가 가르쳐주는 생각하는 법》,《SIMPLE 비즈니스 숫자 공부법》등이 있다.

정의를 밀어붙이는 사람

2018년 11월 12일 초판 1쇄 발행

지은이·에노모토 히로아키
옮긴이·정지영

펴낸이·김상현, 최세현
책임편집·양수인, 조아라, 김형필 | 디자인·임동렬 | 교정·윤진희

마케팅·김명래, 권금숙, 심규완, 양봉호, 임지윤, 최의범, 조히라
경영지원·김현우, 강신우 | 해외기획·우정민

펴낸곳·(주)쌤앤파커스 | 출판신고·2006년 9월 25일 제406-2006-000210호
주소·경기도 파주시 회동길 174 파주출판도시
전화·031-960-4800 | 팩스·031-960-4806 | 이메일·info@smpk.kr

ⓒ 에노모토 히로아키(저작권자와 맺은 특약에 따라 검인을 생략합니다)
ISBN 978-89-6570-712-7 (03180)

• 이 책은 저작권법에 따라 보호받는 저작물이므로 무단전재와 무단복제를 금지
하며, 이 책 내용의 전부 또는 일부를 이용하려면 반드시 저작권자와 (주)쌤앤파
커스의 서면동의를 받아야 합니다.
• 이 책의 국립중앙도서관 출판시도서목록은 서지정보유통지원시스템 홈페이지
(http://seoji.nl.go.kr)와 국가자료공동목록시스템(http://www.nl.go.kr/kolis
net)에서 이용하실 수 있습니다. (CIP제어번호: CIP2018034157)
• 잘못된 책은 구입하신 서점에서 바꿔드립니다. • 책값은 뒤표지에 있습니다.

쌤앤파커스(Sam&Parkers)는 독자 여러분의 책에 관한 아이디어와 원고 투고를 설레는
마음으로 기다리고 있습니다. 책으로 엮기를 원하는 아이디어가 있으신 분은 이메일
book@smpk.kr로 간단한 개요와 취지, 연락처 등을 보내주세요. 머뭇거리지 말고 문을
두드리세요. 길이 열립니다.